The Basics of Commodity Science

伊铭 主编

商品学基础

复旦大学出版社

目 录

第一章 商品学导论 · 1
    第一节 商品学的研究对象 · 2
    第二节 商品学的研究内容与方法 · 6

第二章 商品质量与认证 · 10
    第一节 商品质量与要求 · 11
    第二节 影响商品质量的因素 · 16
    第三节 商品质量管理 · 21
    第四节 产品质量认证 · 26

第三章 商品成分 · 37
    第一节 商品成分含量与表示方法 · 38
    第二节 食品的成分及商品特性 · 41
    第三节 纺织品的成分与商品特性 · 51
    第四节 日用工业品的成分与商品特性 · 56

第四章 商品分类 · 63
    第一节 商品分类的概念和标志 · 64
    第二节 商品分类方法与商品目录 · 69
    第三节 商品编码 · 72

第五章 商品标准 · 82
    第一节 商品标准及分类 · 83
    第二节 商品标准的内容 · 87
    第三节 商品标准化 · 91

第六章　商品检验 …… 98
　第一节　商品检验概述 …… 99
　第二节　商品检验的方法 …… 102
　第三节　商品品级 …… 110

第七章　商品包装 …… 113
　第一节　商品包装的功能 …… 114
　第二节　商品包装的方法 …… 118
　第三节　商品包装材料 …… 121

第八章　商标及管理 …… 125
　第一节　商标的特征与分类 …… 126
　第二节　商标设计与管理 …… 133

第九章　商品储运与养护 …… 139
　第一节　商品储运 …… 140
　第二节　商品养护 …… 149

参考文献 …… 156

第一章
商品学导论

引导案例

自2008年始,关于三鹿奶粉质量投诉数量逐渐增多,同时形成较多的婴幼儿泌尿系统病例反馈。2008年6月28日,位于兰州市的解放军第一医院收治了首例患肾结石病症的婴幼儿,据家长们反映,孩子从出生起就一直食用河北石家庄三鹿集团所产的三鹿婴幼儿奶粉。7月中旬,甘肃省卫生厅接到医院婴儿泌尿结石病例报告后,到同年9月11日,甘肃省即已发现59名尿路结石患儿,且出现1人死亡情况。自9月1日后,除甘肃省外,陕西、宁夏、湖南、湖北、山东、安徽、江西、江苏等地都有类似案例发生。9月11日晚卫生部指出,近期甘肃等地报告多例婴幼儿泌尿系统结石病例,调查发现患儿多有食用三鹿牌婴幼儿配方奶粉的历史,经相关部门调查高度怀疑石家庄三鹿集团股份有限公司生产的三鹿牌婴幼儿配方奶粉受到三聚氰胺污染。2008年9月,三鹿集团传媒部负责人表示,三鹿集团曾委托甘肃省质量技术监督局对三鹿奶粉进行产品质量检验,检验结果显示产品各校质量标准均符合国家质量标准。但这一说法立刻遭到甘肃省质量技术监督局否认。到2008年9月11日晚,在受到多方压力下,三鹿集团不得不承认:公司内部检测中发现2008年8月6日前出厂的部分批次三鹿婴幼儿奶粉中含有三聚氰胺,市场上约有700吨问题奶粉,同时三鹿集团发出产品召回声明。声明发布第二天,三鹿集团又召开新闻发布会,声称此前出现的三鹿奶粉致婴幼儿患病事件是由不法奶农在原料奶中添加三聚氰胺导致;2008年9月15日,三鹿集团正式就三鹿奶粉事件向社会公众道歉。后续三鹿集团步入清算、破产阶段,被北京三元股份收购。

案例中导致大量婴幼儿患泌尿系统疾病的罪魁祸首是含有三聚氰胺的奶粉,实际生活中人们无法预知商品在生产过程中可能产生的各种问题和潜在风险,消费者在购买色泽鲜艳的商品时也要特别当心可能存在的苏丹红、孔雀石绿等工业原料的添加问题。

商品学以研究商品使用价值为主,本章重点介绍商品学的产生和发展以及对商品学科系统的整体认知。商品使用价值的体现以商品质量为中心,商品质量好坏决定着消费者的购买行为以及购买后的使用效果。

（资料来源：https://wenku.baibu.com/view/fb8988d45727a5e9846a61b4?fr=step_zhidao）

第一节　商品学的研究对象

商品学是研究商品使用价值及变化规律的学科。商品学是商品经济发展到一定阶段的必然产物。商品学的创始人是德国人约翰·贝克曼。19世纪,商品学由德国传入我国,使我国商品学得到迅速发展。1902年,我国商业教育把商品学作为一门必修课,开始对商品学相关内容进行系统研究。

一、商品学的产生与发展

商品学在国外的起源可追溯到公元9世纪,最早涉及商品学内容的著作是阿拉伯人阿里·阿德·迪米斯基撰写的《商业之美》,其副标题是《关于优质商品和劣质商品的鉴别方法及对商品骗子与伪货的识别指南》。

16世纪中叶,随着欧洲工业的发展、新技术的应用,社会化大生产和生产关系的变革促进了商品经济的发展,为了进口原料和出口工业制成品,商人们急需系统地了解有关商品的知识,在这个背景下,对于商业的研究不断向商品方向拓展。18世纪初,德国的工业发展迅速,商人将进口的原材料加工成产品出口,从而扩大了原材料与工业品的贸易。这种贸易的扩大要求商人必须具有相关的较为系统的商品知识,否则难以胜任商品贸易工作的需要,这样就产生了对商品学的需要。因此,商人对商业教育提出了系统讲授商品知识的要求。18世纪后期,在商人和学者的共同努力下,德国的大学和商业院校开始了商品学课程的讲授和商品学的研究工作。"商品学"这个词来源于德文Warenkunde,译成英文为Commodity Science。德国哥丁堡大学著名学者约翰·贝克曼教授在教学和科研的基础上,于1793—1800年编著出版了《商品学导论》,建立了商品学学科体系,明确了商品学的研究内容。因此,约翰·贝克曼被誉为商品学的创始人,他所建立的商品学的学科体系被称为"贝克曼商品学"。《商品学导论》一书对于商品的制造工艺与方法,商品的分类、性能、用途、质量、价格、检验、产地、主要市场及商品包装等内容做了十分详尽的描述,同时还选定一些国际贸易商品进行分析并做出了规范性的叙述。随着国际商品贸易与学术交流的不断扩大,商品学这门学科先后传入了意大利、俄国、奥地利,以后又传入了日本和中国。1810

年,莫斯科商学院将商品学列为必修课;1884 年,东京商学院也正式开设了商品学课程。第二次世界大战后,现代商品学的研究导致了一些学派的产生,在西欧形成了"经济学体系商品学",把经济观点和方法引入到商品学研究中,分析商品与人、商品与环境、商品与时代等的各种关系。在苏联及东欧各国则形成了自然科学和技术科学学派,分类研究商品,创立了食品商品学、工业品商品学等学科体系。此后,以美国、日本、意大利的学者为代表,引入市场学的内容,形成了"经营商品学"的学科理论体系。当今世界商品学界存在三大学派:一是技术学派,主张从自然科学方面研究商品学;二是经济学派,主张从社会科学方面研究商品学;三是融合学派,主张从技术和经济两方面研究和评价商品的使用价值。

中国商业的历史悠久,对商品知识的研究较早。据记载,春秋时代师旷所著的《禽经》、晋朝时期戴凯之所著的《竹谱》,都是我国较早的商品知识书籍。唐朝茶叶贸易发展迅速,茶叶的产地在中国的南部地区,而其消费地却分布很广,很多茶叶贸易商人以及消费者需要茶叶的相关知识。茶圣陆羽的《茶经》被很多商品学的学者认为是早期商品学的雏形,《茶经》一书全面、详细地介绍了种茶、采茶、制茶、饮茶、茶具的知识以及茶叶的功能、评审、识别、储藏等方法,对茶叶的生产和经营起到了指导作用,使茶叶的经营成为与盐的经营并驾齐驱的大行业,同时也带动了茶叶的对外贸易。《茶经》的出现从侧面说明了伴随着商业的发展、商人的出现,产生了对商品学知识的需要,进而产生了商品学。据查证,《茶经》一书曾先后传到了四十多个国家和地区,为世界茶叶的产销做出了巨大贡献。宋朝以后,商品学著作开始增多,如蔡襄的《荔枝谱》、韩彦直的《橘录》以及明朝李时珍的《本草纲目》等书籍,都对有关的商品知识做了介绍,其中《本草纲目》是论述得最为全面和最早的医药类商品学专著,也是我国药物学和植物学的宝贵遗产,并有多种外文译本在海外流传。这些书籍对当时的商品交换起到了积极的促进作用,但在很大程度上还属于商品知识的汇集。20 世纪以后,我国的商品学逐渐随着商业教育而萌生发展起来了。以"商品学"命名的著作除了一些译著外,还有 1914 年盛在珦编著的《商品学》、1934 年刘冠荣编著的《现代商品学》等,这些书籍的内容越来越丰富,涉及的领域越来越多,还逐渐对商品学这门学科的对象做了解释和说明,为我国现代商品学的发展奠定了一定的基础。从 20 世纪 50 年代起,我国中高等商业院校、财经院校根据需要相继开设了商品学课程;到了 20 世纪 60 年代,商品学学术研究的氛围越来越活跃,1963 年,全国召开了第一届商品学学术讨论会;之后,中国商品学会的成立把我国商品学的学科建设、教学与科研推向了一个新的高度。

二、商品及其构成

1. 商品概念

商品是指能够满足人们需要的、用来交换的劳动产品,其中有两个要点:第一,商品能满足人们的需要,既包括物质需要,也包括精神需要,这意味着商品具有有用性;第二,商品是为了交换而生产的劳动产品,即商品以进入流通领域为特征。对于商品,马克思在《资本论》中做了深刻而精辟的分析,他指出:商品首先是一个外界的对象,一个靠自己的属性来满足人的某种需要的物。一个物可以有用,而且是人类的劳动产品,但这个物不是商品。若用自己的产品来满足自己的需要,生产的就只是使用价值,而不是商品。中国的《辞海》对商品也有定义,指出商品是为交换而生产的劳动产品,具有使用价值和价值两个因素。供自己消费而生产的劳动产品不是商品。为他人生产,但不经过交换的劳动产品,也不是商品。综上所述,作为特殊劳动产品的商品具有以下基本特征:第一,商品是具有使用价值的劳动产品。第二,商品是供消费(即社会消费)的劳动产品。第三,商品是必须通过交换才能到达使用人手中的劳动产品。商品的种类很广泛,随着商品经济的发展,商品的外延还在不断扩大。商品学目前所研究的商品,主要是有形的、可移动的、在市场上合法交易的、用于生产和大众消费的实体商品,信息、服务、技术、艺术等无形产品研究也逐渐增多,但不包括不动产、军火、毒品等特殊产品和秘密交易商品,而像股票、有价证券、期货、专利等,虽然在市场经济中也视同商品对待,但它们只是一种交换凭据,因此在本书中也不作为商品学的研究范围。另外,由于人们表达习惯上的不同或按照某些行业的特定表达,对流通领域的商品也采用其他一些称呼,如货物、产品、物品、制品等。它们虽然称谓不同,却往往有着相同的内涵和指向,满足上述关于商品的定义,所以在商品学的研究领域,也将其作为商品对待,作为研究的客体。

2. 商品构成

消费者购买商品,本质是购买一种需要。这种需要不仅体现在商品消费时,而且还表现在商品购买和消费的整个过程中。综合来说,商品不仅是使用价值和价值的统一,还是有形商品和无形服务的统一,商品能给人们带来的实际利益和心理利益构成了商品的整体。因此,商品的整体可以看成由核心部分、形式部分和延伸部分组成。

商品的核心部分是指消费者购买某种商品时所追求的利益,是消费者真正要买的东西,因而在商品整体概念中是最基本、最主要的部分。消费者购买某种商品,并不是为了占有或获得商品本身,而是为了获得能满足某种需要的效用或利益。例如,消费者购买矿泉水,是因为它能满足人们的需要,能够给人体补充需要的水分;又如买自行车是为了代步,买汉堡是为了充饥,买化妆品是希望美丽、体现气质、增加魅力等。因此,企业在开发产品、宣传产品时应明确产品所能提供的利益,产品才具有吸引力。

形式部分即商品的具体形态,是商品核心部分借以实现的形式,即向市场提供的实体和服务的形象。如果商品的形式部分是实体物品,那么它在市场上通常表现为商品质量水平、外观特色、式样、品牌名称和包装等。商品的基本效用必须通过某些具体的形式才能得以实现。商品的形式特征主要包括商品的成分、结构、外观、质量、商标、品牌、使用说明书、标识和包装等，这些是商品的外在形式，是商品使用价值形成的客观物质基础。例如，冰箱的形式部分不仅仅指冰箱的制冷功能，还包括它的质量、造型、颜色、容量等。

商品的延伸部分是消费者购买商品时所获得的全部附加服务和利益，包括商品信息咨询、提供信贷、免费送货、免费安装调试、免费培训、售后保证与维修服务、退换服务承诺等。延伸部分的概念来源于对市场需要的深入认识，消费者的目的是满足某种需要，因而他们希望得到与满足该项需要有关的一切。美国学者西奥多·莱维特曾经指出：新的竞争不是各个公司的工厂生产什么产品，而是其产品能提供何种附加利益（如包装、服务、广告、顾客咨询、融资、送货、仓储及具有其他价值的形式）。商品的消费是一个连续的过程，既需要售前宣传产品，又需要售后持久、稳定地发挥效用，因此，服务是不能少的。可以预见，随着市场竞争的激烈开展和消费者要求的不断提高，商品延伸部分将越来越成为竞争获胜的重要手段。

三、商品学的研究对象

商品学是研究商品的科学，着重从商品的使用价值和交换价值出发研究商品的变化规律。商品的交换价值是指凝结在商品中的无差别的人类劳动（包括体力劳动和脑力劳动），商品的交换价值在现实中主要通过价格来体现。商品的使用价值是指商品对其消费（使用）者的效用或者物的效用，即"物的有用性"。马克思指出，物的有用性使物具有使用价值，但这种有用性不是悬在空中的，它决定于商品实体的属性，离开了商品实体就不存在。因此，商品学必须从商品的属性来研究商品的使用价值。具体来说，研究商品的使用价值，不仅要研究商品的成分、结构、外形、化学性质、生物学性质、物理学性质等商品的自然属性，还要研究商品的流行性、时代感、地区性、民族性和经济性等社会属性，满足人和社会在商品方面的物质需要和精神需要。商品的使用价值是商品对具体消费者的有用性。例如，衣服可以遮体、保暖并增加美感，面包可以充饥，房屋可以居住，计算机可以处理和传递信息，车辆可以代步等。如果把这种有用性细分的话，不难发现，不同的商品具有不同的使用价值。满足人们衣、食、住、行的直接需要的商品是服装、食品、住房、车辆，它们属于不同的商品类别，对人们具有不同的有用性，具有不同的使用价值。不同的使用价值又会产生不同的效用和不同的功能。服装、食品、住房、车辆具有不同的使用价值，能够满足人们的不同需要，所以对人的效用也是不同的。商品的同一种使用价值，还可以有多方面的用途。例如，同是一处房子，既可以作为住宅、宿舍，又可以作为办公室，还可以作为车间或营业场所。商品的使用价值实质上是人的需要和商品属性之间的满足关系，也就是说商品使用价值必须满足人和社会的需要。马克思指出，使用价值表示物和人之间的自然关系,实际上表示物为人而存在,如果说个别商品的使用价值取决于该商品是否满足一种需要,那么,社会商品总量的使用价值就取决于这个总量是否适合于社会对每种特殊商品的特定数量的需要。

特别值得提出的是,商品的使用价值是随着科学技术的发展和人们经验的不断丰富而逐渐被发现的,商品的使用价值是一个动态的、综合性的概念。准确而全面地理解商品的使用价值,运用商品的使用价值学说指导商品的生产、经营和消费,对发展我国市场经济具有重大的现实意义。商品自然属性的相对稳定性和商品社会属性的相对变化性,决定着商品的生产者和经营者要不断地调整商品结构,一切从市场出发,从消费者的需求出发,注意适销对路,使企业主观上追求利益与客观上生产、经营具有社会使用价值的商品有机地结合成一体。本教材主要研究商品的使用价值及影响使用价值实现的相关因素的客观规律,从商品的有用性出发研究商品的变化规律。

第二节　商品学的研究内容与方法

一、商品的属性

商品实体本身具有满足人们某种社会生产或生活需要的属性,综合构成了商品的有用性。或者说,商品有用性的物质基础或形成商品使用价值的主导因素是商品的各种自然属性,没有这一物质基础,商品实体就不存在,这就决定了商品学研究商品的使用价值必须以商品的自然属性为基础。

商品的自然属性是指由商品实体自身固有的成分、结构所决定的,与其他事物发生关系时所表现出的性质、性能,如物理性能、机械性能、电性能、化学性质、生物学性质等形态特征或特点。自然属性为一切商品所共有,它反映了人与自然界的关系。自然属性决定了商品具有一定的用途和功能,决定了商品的使用价值或商品的效用,使商品表现为一个有用物,并成为商品交换价值的物质承担者。但是,人们在研究商品的使用价值时,仅仅讨论商品有用性的物质基础是不足的,尤其在研究促进商品使用价值的实现时,往往会涉及属于商品某些社会属性的问题。因此,作为一般物品或产品的使用价值和作为商品基本属性之一的使用价值是有区别的。一种商品对抽象使用对象的有用性主要是由该商品本身决定的,但对具体使用者、消费者则不然,因为不同时代、不同环境、不同对象,或者说不同条件下的具体使用者,将因其实际需求情况的变化而产生对同样商品有用性的不同评价。

在商品经济条件下,商品的使用价值是供他人使用或消费,因此必须通过商品交换来实现,如果商品卖不出去,商品的使用价值就不能实现。因此,人类无论生活在怎样的社会形态下，都必须生产能够满足实际需要的使用价值的商品。为了有利于商品使用价值的实现，商品学研究商品的使用价值，就要从商品的自然属性入手，并以此为基础，联系商品的某些社会属性，研究与商品使用价值实现有关的一系列问题。

商品的社会属性是指商品满足任何社会需要的特征、特性的总和。商品的使用价值处于社会联系之中，会随着该商品所处的外在条件的变化而变化。使用价值由商品交换制约，其中包含了诸如商品美化、商品文化、商品信息等方面的要素，体现了商品被市场所接受、被社会和他人所承认的程度。任何商品如果能够在多方面体现消费者现实的和潜在的需要，充分考虑到消费者需求的复杂性和多样性，就会提高被社会承认的程度，从而获得较高的社会使用价值。

由上述两种不同的商品属性所反映出的商品使用价值的物质性和社会性，在理论界被称为商品使用价值的二重性。

二、商品学的研究内容

商品学的研究内容是由商品学的研究对象所决定的。商品学是研究商品使用价值的科学，其研究内容以商品实体为基础，以"商品—人—环境"为系统。

在对商品使用价值的研究中，我们常用商品质量表示商品的有用程度，反映商品满足人和社会需要的程度。商品质量是从商品使用价值中导出的一个范畴，是衡量商品使用价值的尺度，是商品使用价值评价和实现的前提。商品质量强调商品属性满足人和社会的需要的程度，而使用价值强调商品属性能满足人和社会的需要。商品质量通常用来区别同类商品中不同个体或群体的差异，商品使用价值通常用来区别不同类商品中效用的差异。

商品质量是商品使用价值的集中反映，商品使用价值的大小通常是用商品质量来衡量的，因此，商品质量是商品学研究的中心内容。商品学研究的内容具体包括：商品质量与认证、商品的成分、商品分类、商品标准、商品检验、商品包装、商标与管理、商品运输、商品养护等。

三、商品学的研究任务

商品学的研究任务主要有以下几个方面：

一是指导商品使用价值的形成。通过商品资源和市场的调查预测、商品的需求研究等手段，为有关部门实施商品结构调整、商品科学分类，商品的进出口管理与质量监督管理，商品的环境管理，制定商品标准、政策法规及商品发展规划提供决策的科学依据；为企业提供商品基本质量要求，指导商品质量改进和新商品开发，提高经营管理者素质，保证市场商品物美价廉、适销对路。

二是评价商品使用价值的高低。商品质量是决定商品使用价值高低的基本因素,是决定商品竞争力强弱、销路、价格的基本条件。所以,它是商品学研究商品使用价值的中心内容。通过对商品使用价值的分析和综合,明确商品的质量指标、检验和识别方法,能全面准确地评价、鉴定商品的质量,杜绝伪劣商品流入市场,保证商品质量符合规定的标准或合同要求,维护正常的市场竞争秩序,保护买卖双方的合法权益,切实维护国家和消费者的利益,创造公平、平等的商品交换环境。

三是防止商品使用价值的降低。分析和研究与商品质量有关的各种因素,提出适宜的商品包装、储运手段,保护商品质量,努力降低商品损耗。

四是促进商品使用价值的实现。通过大力普及商品知识和消费知识,使消费者认识和了解商品,学会科学地选购和使用商品,掌握正确的消费方式和方法,以此促进商品使用价值的实现。

五是研究商品使用价值的再生。通过对商品废弃物与包装废弃物处置、回收和再生,以及对政策、法规、运行机制、低成本加工技术等问题的研究,推动资源节约、再生和生活废物减量,促进保护环境的绿色行动。

四、商品学的研究方法

1. 科学实验法

科学实验法是一种在实验室内或一定实验场所,运用一定的实验仪器和设备,对商品的成分、构造、性能等进行理化鉴定的方法。这种实验方法大多在实验室内或满足要求条件下进行,对控制和观察需要良好的条件,所得的结论准确可靠,是分析商品成分、鉴定商品质量、研制新产品的常用方法,如对于酒成分含量的测试等。这种方法需要一定的技术和设备,投资较大。

2. 现场实验法

现场实验法是一些商品学专家或有代表性的消费者群体,凭直觉对商品的质量及商品有关的方面做出评价的研究方法。这种方法的正确程度受参加者的技术水平和人为因素的影响,但运用起来简便易行,适于很多商品的质量评定,如茶叶、酒类、某些新产品的试用等。

3. 技术指标法

技术指标法是一种在分析实验的基础上,对一系列同类产品,根据国内或国际生产力发展水平,确定质量技术指标,以供生产者和消费者共同鉴定商品质量的方法,如保温瓶保温程度的测试等。这种方法有利于促进商品质量的提高,但确定各类商品的质量指标是一项复杂而巨大的工程。

4. 社会调查法

商品的使用价值是一种社会性的使用价值,全面考察商品的使用价值需要进行各种社会调查。特别是在产品不断升级换代、新产品层出不穷的现代社会里,这方面的调查显得更加实际和重要,其具有双向沟通的主要作用,在实际调查中既可以将生产信息传递给消费者,又可以将消费者的意见反馈给生产者。社会调查法主要有现场调查法、调查表法、直接面谈法和定点统计调查法。

5. 对比分析法

对比分析法是将不同时期、不同地区、不同国家的商品资料收集积累,加以比较,从而找出提高商品质量、增加花色品种、扩展商品功能的新途径。运用对比分析法,有利于经营部门正确识别商品,促进生产部门改进商品质量,实现商品的升级换代,更好地满足广大消费者的需要。

6. 系统分析比较法

商品的研究还必须考虑到商品与环境、商品与人、商品与国民经济的关系,是一个复杂的、系统的工程。单从一个方面或几个方面来研究,有时难免有偏差,只有把商品作为一个小系统,放在社会这个大系统中加以分析、研究和考察,才能得出一个全面、公正的结论。

名词解释:

商品及商品的整体概念、商品的使用价值

思考题:

1. 商品的基本特征包括哪些?
2. 商品的自然属性与社会属性有何不同?
3. 举例说明商品价值与使用价值之间的关系。
4. 如何理解商品交换价值与使用价值之间的关系?
5. 请结合商品学研究的内容具体分析商品学的本质特征。
6. 现代社会发展如何解释商品质量是企业经营管理的重点?为什么商品质量是商品学研究的中心内容?
7. 举例说明商品学研究方法在实践中的应用。
8. 简述商品学的发展历史。
9. 结合实际谈谈你对商品学三大学派的认识。

第二章
商品质量与认证

引导案例

　　2005年3月15日,上海市有关部门在对肯德基多家餐厅进行抽检时发现,新奥尔良鸡翅和新奥尔良鸡腿堡调料中含有苏丹红一号成分。3月16日,百胜集团上海总部通知全国各肯德基分部,从16日开始,立即在全国所有肯德基餐厅停止售卖新奥尔良鸡翅和新奥尔良鸡腿堡两种产品,同时销毁所有剩余调料。同一天,百胜发表声明,宣布新奥尔良烤翅和新奥尔良烤鸡腿堡调料中被发现含有苏丹红一号,并向公众致歉。百胜表示,将严格追查相关供应商在调料中违规使用苏丹红一号的责任。3月17日,北京市食品安全办紧急宣布,该市有关部门在肯德基的原料辣腌泡粉中检出可能致癌的苏丹红一号,这一原料主要用在香辣鸡腿堡、辣鸡翅和劲爆鸡米花三种产品中。

　　"苏丹红"是一种化学染色剂,并非食品添加剂。它的化学成分中含有一种叫萘的化合物,该物质具有偶氮结构,这种化学结构的性质决定了它具有致癌性,对人体的肝、肾器官具有明显的毒性作用。苏丹红属于化工染色剂,主要是用于石油、机油和其他的一些工业溶剂中,目的是使其增色,也用于鞋、地板等物品的增光。由于用苏丹红染色后的食品颜色非常鲜艳且不易褪色,能引起人们强烈的食欲,一些不法食品企业把苏丹红添加到食品中。常见的添加苏丹红的食品有辣椒粉、辣椒油、红豆腐、红心禽蛋等。

　　商品质量好坏不仅仅是企业获取利润、持续经营的问题,更重要的是关系到消费者的生命安全,确保商品质量是每个企业生产经营过程中的核心和关键,商品学研究的中心内容就是商品质量。本章将重点介绍商品质量相关内容以及如何通过商品质量认证树立全社会共同关注商品质量的理念,根据消费者需求生产符合消费者需要的商品,在保证和不断提高商品质量的同时,推动社会向前进一步发展。

(资料来源:https://www.ppkao.com/shiti/10494947/)

第一节　商品质量与要求

一、商品质量的定义

商品质量是一个综合性的概念，它涉及商品本身及商品流通过程中诸多因素的影响。商品质量是衡量商品使用价值的尺度，本教材重点研究商品的使用价值，因此，商品质量是本教材重点介绍的内容之一。

国家标准 GB/T 19000-2016 中对质量的定义是：产品、过程或服务满足规定或潜在要求（或需要）的特征和特性的总和。商品质量的概念有狭义和广义之分，狭义的商品质量是指商品与其规定标准技术条件的符合程度，它是以国家或国际有关法规、商品标准或订购合同中的有关规定作为最低技术条件，是商品质量的最低要求和合格的依据。广义的商品质量是指商品适合其用途所需的各种特性的综合及其满足消费者需求的程度，是市场商品质量的反映。从现代市场观念来看，商品质量是内在质量、外观质量、社会质量和经济质量等方面内容的综合体现。

1. 商品的内在质量

商品的内在质量是指商品在生产过程中形成的商品实体本身固有的特性，包括商品实用性、可靠性、寿命、安全与卫生性等。它构成商品的实际物质效用，是最基本的质量要素。

2. 商品的外观质量

商品的外观质量主要是指商品的外表形态，包括外观构造、质地、色彩、气味、手感、表面疵点和包装等，它已成为人们选择商品的重要依据。

3. 商品的社会质量

商品的社会质量是指商品满足全社会利益需要的程度，如是否违反社会道德、对环境造成污染、浪费有限资源和能源等。一种商品不管其技术如何进步，只要有碍于社会利益，就难以生存和发展。

4. 商品的经济质量

商品的经济质量是指人们按其真实的需要，希望以尽可能低的价格，获得性能尽可能优良的商品，并且在消费或使用中付出尽可能低的使用和维护成本，即物美价廉的统一程度。

商品的内在质量是由商品本身的自然属性决定的；外观质量、社会质量和经济质量则是由商品的社会属性来决定的，它涉及诸多社会因素的影响。商品质量同时是个动态的概念，其表现在具有时间性、空间性和消费对象性，不同时代、不同地区、不同的消费对象,对同一商品有不同的质量要求。随着科技进步、生活水平的提高和社会的发展变化,商品质量有不同的表现。例如,20世纪70年代前后,我国的消费者是以商品的耐用性为质量评价标准的,商品耐用、结实才能算质量好,注重商品的实用价值;到了21世纪,商品的质量既要具有使用价值又要符合审美标准,即购买的商品能够使消费者获得一定程度的精神享受。

二、商品质量的特性

人们对商品质量的认识和理解是随着经济社会的发展而变化的。在商品经济不发达、商品供不应求的条件下,人们对商品质量的评价侧重于对物质需要的满足,评价商品质量的核心内容是商品的基本性能和寿命。随着商品经济的发展、科学技术的进步,90%以上的工业制成品出现生产过剩现象,买方市场逐渐形成,市场竞争日益激烈,消费者的要求也日益个性化和多元化,人们对商品质量的要求已不再满足于物质需要,而开始追求更高层次的精神需要,即心理需要的满足,包括商品的核心价值以及商品体现的精神、文化和个性等。

商品质量的概念包含三个层次的内容:一是商品质量的核心是满足消费者的需求。在买方市场条件下,商品质量必须满足消费者的需求,商品才能实现交换,实现其交换价值和使用价值。二是商品质量是与商品用途有关的属性参数的综合。商品的使用价值取决于消费者的需要程度和商品的属性,与用途有关的属性构成商品的自然属性。例如,保温瓶与其用途有关的技术参数很多,主要项目有容水量、重量、耐温急变性、耐水性、卫生性、保温性等,这些项目参数都具体规定了商品应达到的标准数值,保温瓶的这些限定参数构成了瓶胆质量的具体内容。三是商品质量具有针对性、相对性、可变性。商品质量是针对一定的使用时间、使用地点、使用条件、使用对象和用途而言的。随着技术的不断进步以及市场竞争的加剧,商品更新换代的速度越来越快,商品生命周期越来越短,对于商品质量的评价不能脱离当时的技术经济条件。因为不同的条件下,对质量的评价会有所不同。不同国家、地区以及不同民族、宗教之间在文化上的差异,使得不同消费者对商品质量的评价存在差异。同时,商品质量也要因使用条件的差异而做出相应调整,以克服不同条件所造成的商品使用性能的差异。商品质量是相对于同类商品(使用目的相同)的不同个体而言的,因而,它是一个比较的范畴。质量不是商品本身所固有的,而是人们评价商品使用价值的一种尺度。绝对的质量是不存在的,只有在比较中才能赋予质量意义。商品质量是一个动态的、发展的、变化的概念,会受到社会经济环境及市场等因素的影响。从社会经济环境来说,社会的发展、经济形势的变化,会使人们对质量的要求随之变化。即使是同一时期,因地点、地域、消费对象不同,对质量的要求也不一样;消费者的职业、年龄、性别、经济条件、宗教信仰、文化修养、心理爱好等不同,对质量的要求也不同。

经济危机时,人们看好那些省油的汽车,似乎省油是汽车质量佳的重要特征;而当社会经济复苏,最受青睐的还是那些超豪华型轿车。所以,商品质量绝不是一个静止的概念,它是在不同社会形态、不同时期、不同生产技术和不同消费需求下,商品属性的综合。

三、商品质量的基本要求

商品的用途要满足消费需求,必须对商品质量提出基本要求。商品种类繁多,不同用途的商品对其质量的要求也不同。商品可分为有形商品和服务性商品,有形商品主要包括吃、穿、用等商品,服务性商品主要指服务性行业提供的服务,如交通运输、邮电通信、商业金融保险、饮食、宾馆、医疗卫生、文化娱乐、旅游、信息咨询等组织提供的服务。由于服务含义的延伸,有时服务性商品也包括工业产品的售前、售中、售后服务,以及企业内部不同生产环节之间的服务。

(一) 对有形商品的质量要求

1. 使用性

使用性是指商品为满足一定的用途所必须具备的各种性能,它是构成商品使用价值的基本条件。例如,冰箱的制冷保温性能、钟表的准确计时性能、服装的遮体保暖功能、食品的营养功能等。对于原料性商品或半成品,使用性还意味着易加工。使用性除了商品用途所要求的基本性能以外,还包括商品在该用途方面应尽量符合人体工程学原理,满足使用方便等要求。例如,商品的结构要与人体尺寸和形状及各个部位相适应,商品要与人的视觉、听觉、触觉、味觉、嗅觉、知觉以及信息再处理能力相适应,复杂商品的使用操作要符合简单、易掌握、不易出错等要求。

商品的多功能化扩大了商品的使用范围,用起来更加方便,比单一功能的商品更受欢迎,这已成为现代商品的发展趋势。

2. 安全卫生性

安全卫生性是指商品在储存、流通和使用过程中保证人身安全和健康不受伤害的能力。

(1) 食品的卫生无害性。食品的卫生无害性是指食品中不应含有或不能含有超过允许限量的有害物质和微生物等,这是食品类商品最基本的质量要求。食品卫生关系到人们的身体健康和生命安全,甚至还会影响到子孙后代。因此,食品必须符合有关的卫生规定和标准,若超过规定的卫生指标,其他质量要求也随之失去意义。食品有害物质的来源,通常有食品本身产生的毒素、其他物质对食品的污染、加工中混入的毒素、保管不善产生的毒素、环境或化学药物造成的污染等。

(2) 纺织品的卫生安全性。纺织品的卫生安全性是指纺织品保证人体健康和人身安全而应具备的性质,主要包括纺织品的卫生无害性、抗静电性等。卫生无害性不仅要求纺织品纤维对人体无害,还要求纺织品在加工和染色过程中使用的染料、防缩剂、防皱剂、柔软剂、增白剂等化学物质对人体无害。这些化学物质如残留在纺织品表面,就可能造成对皮肤的刺激。吸湿性差的涤纶、腈纶、氯纶、丙纶等合成纤维容易形成静电,降低静电的方法:一是在纺织品中混入导电纤维,二是将静电剂加入合成纤维内部或固着在纤维表面。

(3) 日用工业品的卫生安全性。日用工业品的卫生安全性是指日用工业品在使用时,有关保护人身安全和人体健康所需要的各种性质。例如,盛放食物的器皿、化妆品、玩具等商品应具有无毒性和无刺激性,电器商品应具有防人身触电、防引起火灾、防损害人身安全等措施。

商品的安全卫生性除包括对商品生产者和使用者的安全卫生保障之外,按照现代观念考虑,还应包括不给第三者的人身安全、健康,即社会和人类的生存环境造成危害,如空气污染、水源污染以及噪声、辐射、废弃物等现代化社会问题。现代社会中,有关安全卫生的社会要求正越来越受到人们的重视,环境保护问题已成为当今社会的一大主题。

3. 审美性

审美性是商品能够满足人们审美需要的属性。随着社会进步和商品生产的极大发展,人们已不再仅仅满足于物质需求,而对商品有了更高层次的精神需求。现代社会中,人们不仅要求商品实用,而且还要求商品能给人以美的享受,体现人们的自身价值,这就要求商品将物质方面的实用价值与精神方面的审美价值高度统一,要求商品既实用又美观。商品的审美性主要表现在商品的形态、色泽、质地、结构、气味、味道和品种多样化等方面。商品的审美性已成为提高商品竞争能力的重要手段之一。

(1) 食品的审美性。食品的审美性要求食品应具有良好的色、香、味、形,它们对于引起人的食欲、购买欲等有着重要的影响,也使得更符合消费者需求的食品的价值有所增加。例如,食品若具有柔和的颜色、诱人的香气、可口的滋味和喜人的外观,那么人们就更愿意购买这类食品。

(2) 服装的审美性。现在人们购买服装的目的已不是单纯地为了遮体御寒,更主要的是美的享受。服装的审美性是指纺织物表面所呈现的外观质量,在色泽、花纹、图案、款式、风格等方面应具有时代的艺术特色,体现现代开放式的生动、活泼、舒畅的生活风貌,适应季节变化以及人们的年龄差异、个性特点、文化素养等。服装的审美性不仅能使人们的生活丰富多彩,而且能体现人们的精神风貌,充分反映出时代的气息。

(3) 日用工业品的审美性。日用工业品的审美性主要表现在商品的外观良好、不得有表面瑕疵;商品要有精美的外观,具有艺术性、装饰性、时尚性等,如造型式样新颖、花纹色彩丰富、材料质地考究、装潢大方典雅、有较强的时代感等。

(4) 包装的审美性。优质的商品也要有精美的包装,以满足人们对美的需求,同时也可以提高商品的价值,增加商品的竞争力。

4. 经济性

对于消费者来说,总是希望商品的质量特性最好、其价格和维护成本最低。商品的经济性就是指商品的生产者、经营者、消费者都能用尽可能少的费用获得较高的商品质量,从而使企业获得最大的经济效益,消费者也会感到物美价廉。经济性反映了商品合理的生命周期费用及商品质量的最佳水平。经济性包括在物美价廉基础上的最适度质量、商品价格与使用费用的最佳匹配。离开经济性孤立地谈质量,没有任何实际意义。

5. 寿命和可靠性

(1) 寿命。寿命通常指使用寿命,有时也包括储存寿命。使用寿命是指商品在规定的使用条件下,保持正常使用性能的工作总时间。储存寿命则是指商品在规定条件下使用性能不失效的储存总时间。

(2) 可靠性。可靠性是指商品在规定条件下和规定时间内,完成规定功能的能力。它是与商品在使用过程中的稳定性和无故障性联系在一起的质量特性,是评价机电类商品质量的重要指标之一。可靠性通常包括耐用性和设计可靠性,有时易维修性也包括在内。耐用性是指商品在使用时抵抗各种因素对其破坏的性能,它是评价高档耐用商品的一个重要质量特性。

设计可靠性是指为了避免使用者在操作上的过失和在规定的环境以外使用等用法错误导致商品出故障的可能性,一方面要求提高商品的易操作度(易使用度),使人为过失的可能性尽量减少;另一方面即使因人为过失或环境改变引起了故障,也要把可能遭受的损害控制在最低限度。设计上这两方面的要求就是设计可靠性。

易维修性是指商品在发生故障后能被迅速修好,恢复其原有功能的能力。商品是否容易维修与商品设计有关,设计中应尽量采用组合式或组件式商品结构,所用零部件要标准化、通用化、系列化,以便拆卸更换,此外还应该容易通过仪表式专用检具迅速诊断出故障部位。

6. 信息性

信息性是指应为消费者提供的关于商品的有用信息,主要包括商品名称、用途、规格、型号、重量、原材料或成分,生产厂名、厂址、生产日期、保质期或有效期,商标、质量检验标志、生产许可证,储存条件,安装使用、维护方法和注意事项,安全警告,售后服务内容等。这些信息的提供有利于消费者了解、选购、使用、维护和储存商品,并能使消费者在其权益受到侵害时进行自我保护。

(二) 对服务性商品的质量要求

对服务性商品的质量要求主要有功能性、时间性、文明性、安全性、舒适性和经济性。

1. 功能性

功能性是指服务实现的效能和作用。例如,交通运输的功能是将旅客或货物送达目的地,邮政通信的功能是传递有关信息,使顾客获得这些服务效能是对服务的基本要求。

2. 时间性

时间性是指服务能否及时、准确、省时地满足服务需求的能力。对服务来说,时间性非常重要。

3. 文明性

文明性不仅仅是指对顾客要笑脸相迎,还包括尊重、信任、理解、体谅顾客和与顾客有效地沟通。这是服务质量中最难把握但却非常重要的质量特性。

4. 安全性

安全性是指服务提供方在对顾客进行服务的过程中,保证顾客人身不受伤害、财物不受损害的能力,即没有任何风险、危险和疑虑。安全性的提高或改善与服务设施、环境有关,也与服务过程中服务人员的技能和态度有关。

5. 舒适性

舒适性是指服务对象在接受服务的过程中感受到的舒适程度。舒适性与服务设施是否适用、方便、舒服,服务环境是否清洁、美观、有秩序等有关。

6. 经济性

经济性是指为得到相应服务,顾客所需支付费用的合理程度。这与有形商品质量的经济性是类似的。

商品质量的各项基本要求,并不是独立的、静止的、绝对的,特别是对某种商品提出具体质量要求时,不仅要根据不同的用途进行具体分析,还必须与社会生产力的发展、国民经济水平以及人们的消费习惯相适应。

第二节 影响商品质量的因素

商品质量是商品生产、流通和消费全过程中诸多因素共同影响的产物。从质量形成的过程来看,影响和决定商品质量的因素是多方面的,商品的来源不同,影响质量的因素也不完全相同。为了能够对商品质量实施有效控制并达到预期目标,需要分析和掌握影响商品质量的因素。

一、生产过程与商品质量

狭义的商品生产过程是指从原材料投入到成品出产的全过程,通常包括生产工艺、商品检验、商品包装、商品运输等环节。广义的商品生产过程是指企业范围内全部生产活动协调配合的运行过程,除上述过程外还包括商品的开发设计、原材料、生产工艺、商品检验等。

1. 商品的开发设计

商品生产前的开发设计环节是形成商品质量的前提,商品开发设计的好坏决定了商品生产工艺的标准化程度、商品能否实现规模化生产、商品运输过程中的流程化程度等。商品的开发设计包括：使用原材料配方,商品结构、性能、形式、外观及包装设计等。开发设计质量的好坏会影响商品质量,一旦设计出现问题,制造工艺再先进、生产操作再精细,也生产不出合格的商品。

2. 原材料

原材料是构成商品的物质基础,主要表现在对商品成分、结构、性质方面所引起的差别。由于原材料对商品的质量起着决定性的作用,因此,生产企业在进行原材料的选购时,一定要全面了解影响原材料的各方面因素,保证原材料的质量。例如,用牛、羊脂做的肥皂,去垢力强而且耐用;用含铁量较高的硅砂生产的玻璃制品,色泽和透明度会受到影响等。

3. 生产工艺

生产工艺主要是指商品在加工制造过程中的配方、操作规程、设备条件以及技术水平等。生产工艺是形成商品质量的关键因素。商品的各种有用性及外形和结构,都是在生产工艺过程中形成和固定下来的,生产工艺不但可以提高质量,也可以改变质量。很多情况下,虽然原材料相同,若采用不同的生产工艺,不仅商品数量可能出现差异,商品质量也会不同。例如,同样的五谷杂粮,因酿酒制造的工艺不同,可以形成清香型、浓香型、酱香型等风格各异的白酒。采用相同原材料、零部件生产的电视机,由于装配水平、生产工艺等不同,生产出来的商品质量差异较大,越是先进的生产工艺,生产出来的商品质量越高。

4. 商品检验

商品检验是根据商品标准和其他技术文件的规定,判断商品及其包装质量是否合格的工作。对大批量的商品来说,通常重要的质量特征、安全及外观项目要100%检验,其他项目可以采用分批抽样或连续抽样的检验方法,对不合格返修的商品仍需要重新检验。商品检验过程中,通常通过对商品外包装的判断来确定商品质量,良好、合理的包装有利于流通中对商品的储存养护,可以保护商品质量。

二、流通过程与商品质量

流通过程是指商品离开生产过程进入消费过程前的整个区间。商品在流通过程中,由于受到各种外界因素的影响,会发生商品质量不断恶化的现象。商品学在研究影响商品质量因素时,就对商品在流通过程中的运输、储存和销售服务进行了全面的研究,以降低损耗,保护商品质量。

1. 商品运输

商品运输是商品流通的必要条件,没有商品运输,商品就不会从生产者手中转移到消费者手中。商品运输对商品的影响,与路程的远近、运输时间的长短、运输路线、运输方式、运输工具等有关。合理使用运输工具,安全地将商品运到目的地,是防止运输对商品质量造成不良影响的有效措施。

商品运输可以采用铁路、公路、水运、航空等运输方式。各种运输方式的选择,必须充分考虑商品的性质,运输方式符合商品性质的要求,商品在运输过程中才能避免或减少外界因素的影响,确保商品质量。

温度、湿度、运输工具的清洁状况等是商品运输的基本条件。如果运输时温度、湿度不符合商品要求,运输工具清洁状况差,运输时与有影响的物质接触,必然会引起商品质量的变化,只有上述运输条件控制好,才能确保商品质量。

商品运输中需要注意:不能随意抛扔、不得倒置、防晒、防潮、防挤压、防剧烈震动等。另外,商品在装卸过程中还会发生碰撞、跌落、破碎、散失等现象,这不但会增加商品损耗,也会降低商品质量。

2. 商品储存

商品储存是商品流通的一个重要环节,没有商品储存,就难以保证商品流通的正常运转。这里的商品储存主要是指商品进入流通领域后的储存。商品在储存期间的质量变化与商品本身的性质、商品存放数量、储存场所的环境条件、储存技术与措施、储存期的长短等因素有关。商品本身的性质是商品质量发生变化的内在因素,若商品本身含水量较多,易发生霉烂变质,则储存的时间就不能太长,储存条件和储存技术的要求也比较高。储存场所的环境是商品储存期间发生质量变化的外在因素,通过一系列保养和维护储存商品质量的技术和措施,有效地控制适宜储存商品的环境因素,可以减少或减缓外界因素对储存商品质量的不良影响。部分食品、海鲜、水果等在适宜的储存条件下,能够有效储存,甚至改善商品品质。

堆码、苫垫等是商品储存的放置方法。商品堆码的形式应符合商品种类、性质和质量变化的要求,商品质量才可得到保证。商品苫垫得当可以防止和减少阳光、风雨对商品质量的影响。

3. 销售服务

商品在销售服务过程中的进货验收、入库短期存放、商品陈列、提货搬运、装配调试、包装服务、送货服务、技术咨询、维修和退换服务等各项工作,都是最终影响消费者所购商品质量的因素,商品良好的售前、售中、售后服务已逐渐被消费者视为商品质量的重要组成部分。例如,商品的陈列组合不当、拆零和分装捆扎不讲究、装配及维修水平低、陈列时间长、陈列环境及卫生条件差等,会使商品的质量在外力、温度、湿度、光、热、微生物、环境污染等影响下发生变化。商品销售服务中的技术咨询是指导消费者对复杂、耐用性新商品进行正确安装、使用和维护的有效措施。

三、消费过程与商品质量

(一) 消费心理

爱美之心,人皆有之。商品的"美"对商品质量的影响越来越重要,合乎规律地创造完美的商品形式,可以满足人们的审美需要。人们的审美观有共同的一面,也有差异的一面,不同时代、民族、宗教、区域、阶层、环境、职业、年龄、性别的审美观是有差异的。因此,不同消费者对商品美的认同和追求是不一样的。消费者最终成功购买商品,取决于他的购买动机、消费心理。例如,年轻人喜爱的商品,不能缺少时尚的外观、最新的科技与使用功能等;而年纪大的中老年人,则认为产品的材质、耐用性更为重要。商品质量需要得到消费者的认同,只有消费者认为商品质量好才是真的好,否则即使商品在制作过程中使用了优良的材质、先进的工艺和包装技术,消费者无法感知或者认为使用不方便,也会对商品的质量认知产生影响。

(二) 商品的使用

在商品的消费(使用)过程中,商品的使用范围和条件、使用方法以及维护保养,甚至商品使用后的废弃处理等都影响着商品质量。商品的使用价值最终要在消费(使用)过程中得到实现。

1. 商品使用范围对商品质量的影响

任何商品都有一定的使用范围和条件,在使用过程中只有遵从其使用范围和条件,才能发挥商品的正常功能,否则就会对商品质量造成严重的影响。例如,燃气热水器要区分气源类别,家用电器要区分交流电和直流电以及电源电压值,电脑要注意工作场所的温度、湿度等。商品除有一定的使用范围和条件以外,正确安装也是保证商品质量的因素之一。例如,燃气热水器的分室安装或其烟道的正确安装;有些要求安装地线保护的电器必须按要求正确安装,否则无法保证电器安全,甚至会造成人员伤亡事故。

2. 商品使用方法和维护保养对商品质量的影响

正确使用和维护保养商品是保证商品质量、延长商品寿命的前提。消费者在使用商品的过程中应了解商品的结构、性能等特点,掌握正确的使用方法,并应具备一定的商品日常维护保养知识。例如,某些电器商品应经常保持清洁,定期添加润滑油等;皮革服装穿用时要避免坚硬物质摩擦或被坚硬物划破等。生产者应该认真编制商品使用(食用)和维护保养说明书,并采用多种形式向消费者宣传、传授商品使用和养护知识,设立必需的咨询中心、维修网点等,使消费者能很容易地掌握商品的使用(食用)方法和维护保养方法,以便在使用过程中更好地保护商品质量。

3. 商品使用后的废弃处理对商品质量的影响

使用过的商品及其包装物作为废弃物被丢弃到环境中，有些废弃物可回收利用；有些废弃物则不能或不值得回收利用，也不易被自然因素或微生物破坏分解；还有一些废弃物会对自然环境造成污染，甚至破坏生态平衡。由于世界各国越来越关注环境问题，不少国际组织积极建议，把对环境的影响纳入商品质量指标体系中。因此，商品及其包装物的废弃物是否容易处理以及是否对环境有害，将成为决定商品质量的又一重要因素。

四、影响食品质量的因素

食品是人类生活的必需品，是人体发育和健康的物质基础。影响食品质量的因素主要包括五个方面：一是光线。光线对食品营养成分的影响很大，会引发、加速食品中营养成分的分解，造成食品的腐烂变质。二是温度。温度对食品中微生物的繁殖影响较大，对食品腐烂速度影响也相当明显。三是氧气。空气中的氧气对食品营养成分有破坏作用，可以造成食品中油的氧化腐败、蛋白质的破坏变质，同时破坏食品中的某些维生素，所以应尽量减少食品与氧气接触。四是湿度。食品吸收水分以后，不但会改变和丧失它的固有性质，甚至容易导致食品的氧化、腐烂变质，加速食品的腐败。五是微生物。微生物对食品的影响是不言而喻的，食品包装的目的之一就是要防止食品受外界微生物的污染，从而延长食品的保质期。

除了上述影响食品的五个因素之外，不同原因的污染也会影响食品质量：首先是物理性污染，主要指工业化的加工过程中，食品原料、产地环境、加工设备等造成的各种物理性污染，包括原料混杂、金属碎屑、石块沙粒等，也包括人工混杂的各种物理性杂质、异物等。其次是化学性污染，主要指工业化的加工过程中，化学合成物质对加工食品质量安全产生的危害，如加工过程中一些化学色素、化学添加剂的不适当使用。例如，不适宜的加工工艺，使食物中有害的化学物质增加；加工设备、包装材料等含有或食品接触面沾有有害有毒化学物质，对加工食品的质量安全造成危害。最后是生物性污染，主要指工业化加工过程中或来自食品原料和包装材料的各类生物性污染，对加工食品质量安全产生的危害。生物性污染包括食品原料的生物性质量劣变；产地环境、加工设备接触面、操作人员的各种生物性污染，如致病性细菌、病毒以及某些毒素等；包装新材料对加工食品造成的生物性污染，以及因保质期的不适当标注或超过保质期，造成加工食品的生物性劣变。

五、影响农产品质量的因素

农业生产的产品种类很多，不同的农产品来源不同，影响因素也有所不同，归结起来主要有生产环境、动植物品种、植物栽培技术和动物饲养管理等。

1. 生产环境对农产品质量的影响

农作物的生长发育与生产环境的关系非常密切。太阳光的照射、气温和地温、土壤和墒情以及产地生态环境等不仅影响农产品的收获期和产量,而且也影响农产品的质量。

塑料大棚技术的研究与应用使蔬菜生产发生了巨大变化。通过建造塑料大棚,使塑料大棚内形成农田小气候,在此小环境内不仅能使农作物得到光照,还能起到升温、保温、保持水分的作用,蔬菜可免受外界因素影响而照常生长,使人们在春季甚至严寒的冬季可以吃到过去在夏季成熟的新鲜蔬菜。塑料地膜技术的研究与应用使粮食作物和经济作物的生产也发生了巨大变化。耕种时覆盖的塑料地膜,使耕地与地膜之间形成了农田小气候,在此小环境内不仅使农作物获得较好的光照,又能使地温升高并起到保持水分的作用,促进种子早日萌发出土,迅速生长,提早成熟,还能提高农产品质量。花生、玉米、水稻、西瓜和香瓜等的生产都可以应用塑料地膜技术,特别是地膜覆盖的花生,不仅产量高,而且籽粒饱满、质量好。

产品产地或产品原料产地的大气、土壤质量及用水质量是否符合绿色食品生态环境标准,已成为评价该产品能否成为绿色食品的重要条件之一。

2. 动植物品种对农产品质量的影响

动植物品种非常重要,它不仅决定着动植物产品的产量,更决定着动植物产品的质量。因此,种畜、种子和种苗的标准化生产已经成为一项重要工作,人们开始有计划地培育优良种畜、种子和种苗。近几年,我国在动植物品种研究上取得了很大的成就。例如,把牛的基因转移到猪体内,培育出理想的瘦肉型猪源;大豆和水稻细胞融合后形成了高蛋白水稻。

3. 植物栽培技术和动物饲养管理对农产品质量的影响

农作物在栽培过程中,如播种、施肥、灌溉等环节,存在着许多技术问题。只有掌握了各种农作物的生长发育规律,按照农作物的特点播种或插秧,按照农作物需要施底肥和追肥、及时灌溉等才能高产高质。动物的成长和发育也有自己的规律,不同动物的成长和发育又各有特点。因此,由于动物不同以及饲养动物的目的不同,在饲养过程中必须有针对性地进行科学管理。

第三节　商品质量管理

商品质量管理是指以保证商品应有的质量为中心内容,运用现代化的管理思想和科学方法,对商品生产和经营活动过程中影响商品质量的因素加以控制,使顾客得到满意的商品而进行的一系列管理活动。

一、质量管理的概念和要素

质量管理是指在质量方面指挥和控制组织的协调活动。质量管理是组织活动的重要组成部分,是组织围绕质量而开展的各种计划、组织、指挥、控制和协调等所有管理活动的总和。质量管理必须和组织其他方面的管理(如生产管理、财务管理、人力资源管理等)紧密结合,才能在实现组织经营目标的同时实现质量目标。质量管理通常包括制定质量方针和质量目标,以及质量策划、质量控制、质量保证和质量改进等活动。质量管理涉及组织各个方面,是否有效实施质量管理关系到组织的兴衰。

质量管理活动的要素主要包括以下几个方面:

1. 质量方针

质量方针是指由组织的最高领导者正式发布的该组织总的质量宗旨和质量方向。质量方针是组织经营总方针的组成部分,是组织管理者对质量的指导思想和承诺,反映企业的质量经营目标和质量文化。从一定意义上说,质量方针就是企业的质量管理理念。

2. 质量目标

质量目标是组织在质量方面所追求的组织质量方针的具体体现。目标既要先进,又要可行,以便实施和检查。对于企业而言,质量目标是根据质量方针的要求,企业在一定期间内所要达到的预期效果,即能够达到的量化的可测量目标。制定质量目标的原则应是持续改进、提高质量、使顾客满意。它不仅要考虑市场当前和未来的需要,还应考虑当前的产品和顾客满意的状况。质量目标的制定应与质量方针保持一致。

3. 质量策划

质量策划是质量管理的一部分,它致力于制定质量目标并规定必要的运行过程和相关资源的配置以实现质量目标。质量策划与质量计划不同,质量策划强调的是一系列活动,而质量计划是质量策划的结果之一,是规定用于某一商品及其设计、采购、生产、检验、包装、运输等过程的质量管理体系要素和资源的文件。

4. 质量控制

质量控制致力于满足质量要求,适用于对组织任何质量的控制,除生产外还包括设计、原料采购、服务、营销、人力资源配置等,其目的在于保证质量满足要求,为此要解决要求或标准是什么、如何实现、需要对哪些进行控制等问题。质量控制是一个设定标准,根据质量要求测量结果,判断是否达到预期要求,对质量问题采取措施进行补救并防止再发生的过程。总之,质量控制是确保生产出来的产品满足要求的过程。

5. 质量保证

质量保证致力于提供质量要求会得到满足的信任。质量保证是质量控制的任务,质量保证的内涵已不再是单纯地为了保证质量,而是进一步引导到提供"信任"这一基本目标。要使顾客(或第三方)产生"信任",组织首先应加强质量管理,完善质量管理体系,对商品有一套完整的质量控制方案、办法,并认真贯彻执行,对实施过程和结果进行分阶段验证,以确保其有效性。

6. 质量改进

质量改进致力于增强满足质量要求的能力。当质量改进是渐进的并且组织积极寻求改进机会时,通常使用术语"持续质量改进"。质量改进是组织长期坚持不懈的奋斗目标。质量改进是组织为更好地满足顾客不断变化的需求和期望,而改善产品的特性和(或)提高用于生产和交付产品的过程的有效性和效率的活动。

二、质量管理的发展阶段

(一) 质量检验阶段

在第二次世界大战以前,人们对质量管理的认识只限于对产品质量的检验。在谁来检验把关方面,也有一个逐步发展的过程。

1. 操作者质量管理

在20世纪以前,生产方式主要是小作坊形式,工人自己制造产品,又自己负责检验产品质量。换句话说,那时的工人既是操作者,又是检验者,制造和检验质量的职能统一集中在操作者身上,因此被称为"操作者质量管理"。

2. 工长质量管理

20世纪初,科学管理的奠基人F.W. Taylor提出了操作者与管理者分工的方法,建立了"工长制",并将质量检验的职能从操作者身上分离出来,由工长检验产品质量,这一变化分离了操作者的职能,强化了质量检验的职能,称为"工长质量管理"。

3. 检验员质量管理

随着科技进步和生产力的发展,企业的生产规模不断扩大,管理分工的概念被提出来了。在管理分工概念的影响下,企业中逐步产生了专职的质量检验岗位,有了专职的质量检验员,质量检验的职能从工长身上转移给了质量检验员。后来,一些企业又相继成立了专门的质量检验部门,使质量检验的职能得到了进一步的加强,因此称为"检验员质量管理"。

从20世纪初到20世纪30年代,质量检验阶段主要是按照既定的质量标准对产品进行检验,管理对象仅限于产品本身的质量,管理领域仅限于生产制造过程。质量检验阶段从操作者质量管理发展到检验员质量管理,无论从理论上还是实践上都有很大进步,对提高产品质量有很大的促进作用。但随着社会科技、文化和生产力的发展,质量检验阶段存在的许多不足逐步显露。

(1) 事后检验。没有在制造过程中起到预防和控制的作用,即使检验查出废品,也已是"既成事实",质量问题造成的损失已难以挽回。

（2）全数检验。在大批量的情况下经济上不合理，还容易出现错检漏检的情况，既增加了成本，又不能完全保证检验100%的准确。全数检验在技术上有时变得不可能，如破坏性检验，判断质量与保留产品之间发生了矛盾。

这些问题在第二次世界大战时期显得特别突出，从而推动了质量管理理论的进一步发展。

（二）统计质量控制阶段

"事后检验""全数检验"存在的不足引起了人们的关注，一些质量管理专家、数学家开始注意质量检验中的弱点，并设法运用数理统计的原理来解决这些问题。

20世纪20年代，美国贝尔实验室成立了两个研究组，一个是以W. A. Shewhart（休哈特）博士为首的工序控制组，另一个是以H. F. Dodge（道奇）博士为首的产品控制组。这两个研究组在20世纪20年代所获得的成果对质量管理从质量检验阶段发展到统计质量控制阶段做出了重要贡献。1924年，W. A. Shewhart提出了"事先控制，预防废品"的观念，并且应用数理统计原理发明了具有可操作性的"质量控制图"，用于解决事后把关的不足。1931年，W. A. Shewhart出版了 *Economic Control of Quality of Manufactured Product*（《工业产品质量的经济控制》）一书，总结了他的研究成果，是质量管理发展中划时代的经典著作之一。与此同时，H. F. Dodge和H. G. Romig（罗米格）提出了抽样的概念和抽样的方法，并设计了可以运用的"抽样检验表"，用于解决全数检验和破坏性检验所带来的问题。但是，当时由于经济危机的影响，这些方法没有得到足够的重视和应用。

第二次世界大战爆发后，由于战争对大批量军火生产的需要，质量检验的弱点显得特别突出，严重影响军需供应。为此，美国政府和国防部组织了一批数学家来研究和解决军需产品的质量问题，推动了数理统计方法的应用，他们先后制定了三个战时质量控制标准：AWSZ1.1-1941质量控制指南，AWSZ1.2-1941数据分析用控制图法，AWSZ1.3-194工序控制图法。这些标准的提出和应用，标志着质量管理在20世纪40年代进入了统计质量控制阶段。第二次世界大战以后，统计质量控制的方法开始得到推广，为企业带来了极高的利润。

从20世纪40年代到20世纪50年代末，统计质量控制阶段主要是按照商品标准，运用数理统计在从设计到制造的生产工序间进行质量控制，预防生产不合格的产品。管理对象包括产品质量和工序，管理领域从生产制造过程扩大到设计过程。从质量检验阶段发展到统计质量控制阶段，质量管理的理论和实践都发生了一次飞跃，从"事后把关"变为"预先控制"，并很好地解决了全数检验和破坏性检验的问题。但是，由于过多地强调了统计方法的作用，忽视了其他方法和组织管理对质量的影响，使人们误认为质量管理就是统计方法，而且这种方法又高深莫测，让人们望而生畏。这样，质量管理就成了统计学家的事情，从而限制了统计方法的推广和发展。

（三）全面质量管理阶段

这一阶段是从20世纪60年代开始的，从统计质量控制阶段发展到全面质量管理阶段，除了当时统计质量控制方法存在的不足之外，还有社会因素的影响：一是科技进步带来了许多高、精、尖的产品，特别是一些超大规模的产品，如火箭、宇宙飞船、人造卫星等，统计质量管理的方法已不能满足这些高质量产品的要求。二是社会进步带来了观念的变革，保护消费者利益的运动向企业提出了"质量责任"的问题。1960年，美国、英国、奥地利、比利时等国的消费者组织在荷兰海牙正式成立了国际消费者组织联盟，并于1983年确定每年3月15日为"国际消费者权益日"。1984年12月26日，中国消费者协会经国务院批准正式成立。三是系统理论和行为科学理论等管理理论的出现和发展，对企业组织管理提出了变革要求，并促进了质量管理的发展。四是国际市场竞争加剧，交货期和价格成为顾客判别满足质量要求程度的重要内容等。这些新情况的出现，都要求质量管理在原有的统计质量控制方法基础上有新的突破和发展。基于这样的历史背景和经济发展的客观要求，美国通用电气公司质量总经理 A. V. Feigenbaum（菲根堡姆）和著名的质量管理专家 J. M. Juran（朱兰）等人在20世纪60年代先后提出了"全面质量管理"的概念。这一概念的提出，开创了质量管理的新时代，一直影响到今天。

1961年，A. V. Feigenbaum 撰写出版了 *Total Quality Control*（《全面质量管理》）一书，他指出，全面质量管理是为了能够在最经济的水平上和充分考虑满足顾客要求的条件下进行市场研究、设计、生产和服务，把企业各部门的研制质量、维持质量和提高质量的活动构成一体的有效体系。A. V. Feigenbaum 等人提出的全面质量管理概念，强调了以下的观点：一是质量管理仅靠检验和统计控制方法是不够的，解决质量问题的方法和手段是多种多样的，而且还必须有一整套的组织管理工作。二是质量职能是企业全体人员的责任，企业全体人员都应有质量意识和提高质量的责任。三是质量问题不限于产品的制造过程，解决质量问题也是如此，应该在整个产品质量产生、形成、实现的全过程中都实施质量管理。四是质量管理必须综合考虑质量、价格、交货期和服务，而不能只考虑狭义的产品质量。

全面质量管理是指一个组织以质量为中心，以全员参与为基础，目的在于通过让顾客满意和本组织所有成员及社会受益而达到长期成功的管理途径。全面质量管理是一种全面、全过程、全员参与的积极进取型管理，是一种将商品设计、开发、生产、流通和消费的全过程处于监控状态下的管理。全面质量管理的理论和实践从20世纪60年代发展至今，其观念逐步被世界各个国家所接受，并且在实践中得到了丰富和发展，从TQC(Total Quality Control)发展为TQM(Total Quality Management)，使管理的概念更全面、更人性化、更具有竞争性，极大地推动了世界经济的发展，为人类进步和生活质量的提高做出了巨大贡献。

三、商品质量管理的方法

对商品实施全面质量管理的过程,就是要求各个环节、各项工作都按照 PDCA 循环,周而复始的运转。PDCA 循环最早由美国质量管理学家戴明博士提出,因此,PDCA 循环也称戴明循环。PDCA 循环研究起源于 20 世纪 20 年代,先是有着"统计质量控制之父"之称的著名的统计学家沃特·阿曼德·休哈特(Walter A. Shewhart)在当时引入了"计划—执行—检查(Plan—Do—See)"的雏形,戴明将休哈特的 PDS 循环进一步完善,发展成为"计划—执行—检查—处理(Plan—Do—Check—Act)"这样一个质量持续改进模型。

PDCA 循环是一个持续改进模型,它包括持续改进与不断学习的四个循环反复的步骤,即计划(Plan)、执行(Do)、检查(Check)、处理(Act)。计划阶段 P(Plan),任务是制订计划。根据存在的问题或顾客对商品质量的要求,找出问题存在的原因和影响商品质量的主要因素,以此为依据,制订计划和措施,确定质量方针、质量目标,制订出具体的活动计划和措施,并明确管理事项。执行阶段 D(Do),任务是执行制订的计划。按照计划阶段的计划和措施具体实施。检查阶段 C(Check),任务是检查计划的实现情况,调查执行计划的结果,将工作结果和计划对照,得出经验,找出问题。比如,到计划执行过程中的"控制点""管理点"去收集信息,"计划执行得怎么样?有没有达到预期的效果或要求?"处理阶段 A(Act),任务是把执行的结果进行处理总结。把检查阶段执行成功的经验,加以肯定,纳入标准或规范,形成制度,以便今后照办;失败的教训要加以总结,以后不再出现同样的错误;这一轮未解决的问题放到下一个 PDCA 循环。PDCA 循环既适用于整个企业的质量工作,也适用于各部分、各环节的工作。

第四节 产品质量认证

一、产品质量认证的概念

国际标准化组织给现代产品质量认证下的定义是:由可以充分信任的第三方证实某一经鉴定的产品或服务符合特定标准或其他技术规范的活动。我国 1991 年发布的《中华人民共和国产品质量认证管理条例》第二条规定:产品质量认证是依据产品标准和相应技术要求,经认证机构确认并通过颁发认证证书和认证标志来证明某一产品符合相应标准和相应技术要求的活动。

《中华人民共和国产品质量法》第十四条规定:国家根据国际通用的质量管理标准,推行企业质量体系认证制度。企业根据自愿原则可以向国务院产品质量监督部门认可的或者国务院产品质量监督部门授权的部门认可的认证机构申请企业质量体系认证。经认证合格的企业,由认证机构颁发企业质量体系认证证书。

中国质量认证中心(英文缩写 CQC),是经中央机构编制委员会批准,由国家市场监督管理总局设立,委托国家认证认可监督管理委员会管理的国家级认证机构。中国质量认证中心及其设在国内外的分支机构是中国开展质量认证工作最早、最大和最权威的认证机构,现设 11 个产品认证分中心、33 个管理体系评审中心、208 家签约检测实验室、17 家 CB 实验室。中国质量认证中心依托产品认证(包括国家强制性产品认证、自愿性产品认证)、管理体系认证和认证培训业务,着力开展节能、节水("节"字标)和环保产品的认证工作。

二、产品质量认证的分类

(一) 按认证的作用分类

产品按照认证的作用可分为安全认证和合格认证,前者是判断其是否符合规定的强制性标准的认证活动,后者是判断其是否符合国际、国家标准或者行业标准要求的认证活动。

1. 安全认证

凡根据安全标准进行认证或只对产品标准中有关安全的项目进行认证的,称为安全认证。它是对产品在生产、储运、使用过程中是否具备保证人身安全与避免环境遭受危害等基本性能的认证,属于强制性认证。实行安全认证的产品,必须符合《中华人民共和国标准化法》中有关强制性标准的要求。

常见的安全认证有:

(1) FCC 认证:FCC(Federal Communications Commission,美国联邦通信委员会)通过控制无线电广播、电视、电信、卫星和电缆来协调国内和国际的通信。

(2) CSA 认证:CSA(Canadian Standards Association,加拿大标准协会)对机械、建材、电器、电脑设备、办公设备、环保、医疗防火安全、运动及娱乐等方面的所有类型的产品提供安全认证。

(3) CE 认证:CE(Conformite Europeenne,欧盟)提供产品是否符合有关欧洲指令规定的主要要求的认证。

(4) UL 认证:UL(Underwriter Laboratories Inc.,美国保险商实验室)采用科学的测试方法来研究确定各种材料、装置、产品、设备、建筑等对生命、财产有无危害和危害的程度;确定、编写、发行相应的标准和有助于减少及防止造成生命财产受到损失的资料,同时开展实情调研业务。

2. 合格认证

合格认证是依据产品标准的要求,对产品的全部性能进行的综合性质量认证,一般属于自愿性认证。实行合格认证的产品,必须符合《中华人民共和国标准化法》规定的国家标准或者行业标准的要求。

自愿性认证,包括质量体系认证和非安全性产品质量认证,这种自愿性体现在:企业自主决策是否申请质量认证;企业自主选择由国家认可的认证机构,不应有部门和地方的限制;企业自主选择认证的标准依据,即可在 GB/T 19000-2016、ISO9000 族标准的质量保证模式标准中进行选择,但是在具体选择时,企业和认证机构应就使用哪一个标准作为认证的基准达成一致意见。所选择的质量保证模式应是适当的,并且不会误导供方的用户。此外,在产品质量认证中,认证现场审核一般以 ISO 9001 为依据,认证产品的产品标准应达到国际水平的国家标准和行业标准。

中国质量认证中心承担的自愿认证业务主要包括国家节能环保型汽车、有机产品和良好农业规范认证(GAP)。

(二) 按认证的对象分类

1. 产品质量认证

产品质量认证是指依据产品标准和相应技术要求,经认证机构确认并通过颁发认证证书和认证标志来证明某一产品符合相应标准和相应技术要求的活动。

在认证制度产生之前,卖方(第一方)为了推销其产品,通常采用"产品合格声明"的方式来博取买方(第二方)的信任。这种方式,在当时(产品简单、不需要专门的检测手段就可以直观判别优劣)的情况下是可行的。但是,随着科学技术的发展,产品品种日益增多,产品的结构和性能日趋复杂,仅凭买方的知识和经验很难判断产品是否符合要求;加之卖方的"产品合格声明"并不总是可信的,这种方式的信誉和作用就逐渐下降。这种情况下,产品质量认证制度也就应运而生。

目前,世界各国的产品质量认证一般都依据国际标准进行认证,这些标准 60% 是由国际标准化组织(ISO)制定的,20% 是由国际电工委员会(IEC)制定的,其余的 20% 是由其他国际标准化组织制定的。

产品质量认证包括合格认证和安全认证两种。前者是自愿的,后者是强制性的,如输美产品的 UL 认证、输欧产品的 CE 认证等均属安全认证。

2. 质量体系认证

质量体系认证是指对供方的质量体系进行的第三方评定和注册的活动。评定的依据是质量体系标准,评定合格的证明方式是质量体系认证证书和认证标志,目的在于通过评定和事后监督来证明供方质量体系,符合并满足需方对该体系规定的要求,对供方的质量管理能力予以独立的证实。

(三) 按认证的适用范围分类

1. 国际认证

国际认证以国际有关组织发布的规定及标准为认证依据,并适用于该国际组织成员国范围。

国际标准指的是国际标准化机构制定的标准，目前有两个最主要的国际标准化机构，即国际标准化组织(ISO)和国际电工委员会(IEC)。ISO和IEC下设许多专业技术委员会，负责制定各种专业标准和产品标准。其中许多标准是规定产品安全要求的安全标准，其他大部分是既规定产品一般性能要求又规定安全要求的产品标准，并以建议书的方式推荐给世界各国使用。

国际工业委员会电工产品安全认证组织(IECEE)是以促进电工产品国际贸易为宗旨的国际认证组织，该组织以IEC制定的安全标准为依据，实施电工产品安全认证。它的章程规定，只要该组织有3个以上(至少3个)的成员宣布按同一个安全标准实施认证，则该组织就开展此产品的安全认证。目前该组织已对电线和电缆、电容器、家用电器的自动控制开关和器具开关、家用和类似用途设备、安装附件及连接装置、照明设备、测量仪器、医用电气设备、信息技术和办公室设备、低压大功率开关设备、装置保护设备、安全变压器及类似设备、便携式电动工具和电子娱乐设备14大类的产品开展了安全认证。

2. 区域认证

区域认证以区域法规和标准为认证依据，并适用于该区域组织成员国范围，如欧洲标准化委员会(CEN)的CE认证和欧盟绿色认证。区域标准通常是指欧洲一些国家结合自身的特点(地理位置、民族文化、生活习俗、供电、气候等环境条件以及工农业水平等)制定的共同的区域性标准或团体性标准。

国际电工设备合格认证委员会(CEE)是世界上最早、最有权威性的一个地区组织，长期从事制定欧洲地区的电气安全标准，许多IEC安全标准就是由CEE标准转化而来的。后来由于安全标准日益为世人所重视，直至IEC与它达成协议，合并成IECEE，安全标准改由IEC制定，以增加标准的适用范围。尽管如此，目前欧洲仍有两个影响很大的组织，它们是欧洲标准化委员会(CEN)和欧洲电工标准化委员会(CENELEC)。CEN成立于1961年，由欧洲经济共同体(EEC)的标准委员会和欧洲自由贸易联盟(EFTA)的标准委员会合并而成，专门负责向其成员国提供相同的标准，以促进贸易发展与技术交流。CEN还推荐ISO标准在欧洲执行，同时也向ISO提出有利于欧洲技术事务的活动计划。CENELEC组建于1972年，主要为了促进欧洲经济共同体贸易的发展，制定了CENELEC标准。

3. 国家认证

国家认证以国家法规和标准为认证依据，并适用于该国范围。各工业发达国家为了本国的国家安全，本国消费者人身健康或安全，动物或植物的生命、健康或环境，在不违背国际关贸总协定、不给国际贸易制造障碍的前提下，都根据本国的条件制定了安全标准，作为产品设计和安全认证的依据。这些标准都反映了这些国家的特点。

中国产品安全认证的主要依据是《中华人民共和国标准化法》(以下简称《标准化法》)。《标准化法》把国家标准、行业标准分为强制性标准和推荐性标准两大类,其中保障人体健康、人身财产安全的标准和法律、行政法规规定强制执行的标准是强制性标准,其他标准是推荐性标准。各省、自治区、直辖市标准化行政主管部门制定的工业产品的安全、卫生要求的地方标准,在本行政区域内是强制性标准。产品安全认证主要是依据强制性标准开展的。

认证的技术依据,除国家标准、区域标准或国际标准外,还有双边或多边技术合同中有关安全性的规定。这些规定是合同签订者在产品安全性方面应共同遵守的技术法规或规范。它的内容是明确规定执行某个安全标准,有的是为了某种特殊需要规定的技术条件,有的是对标准做的某些调整或补充。显然这些合同是双边或多边对产品进行认可、认证的技术依据。

三、产品质量认证的标志

(一)国内产品质量认证标志

1. CCC 认证标志

CCC 认证标志分为四类,分别为:CCC+S,即仅涉及安全的 CCC 标志式样,如图 2-1(a)所示;CCC+EMC,即仅涉及电磁兼容的 CCC 标志式样,如图 2-1(b)所示;CCC+S&E,即涉及安全及电磁兼容的 CCC 标志式样,如图 2-1(c)所示;CCC+F,即消防类产品的 CCC 标志式样,如图 2-1(d)所示。

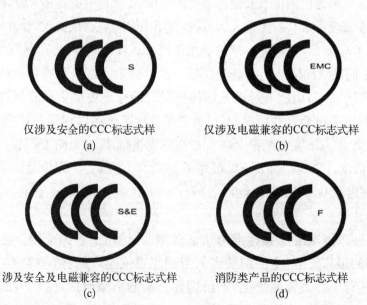

图 2-1 CCC 认证标志

一般通过以下方法鉴别 CCC 认证标志：一是 CCC 认证标志一揭即毁。二是 CCC 认证标志为白色底版、黑色图案。三是从正面观察 CCC 认证标志上有"中国认证"四个字，随着不同角度变换这四个字可依次出现，以"中"字为例，变换视角"中"变为"国"，再变换视角依次成"认""证"。四是看随机号码，这是 CCC 认证标志最不易被仿冒的地方，每一枚强制性产品认证标志都有一个唯一的编码。认证标志发放管理中心在发放强制性产品认证标志时，已将该编码对应的产品输入计算机数据库中，消费者可以通过国家认证认可监督管理委员会的强制性产品认证标志防伪查询系统对编码进行查询。

2. 方圆认证标志

中国方圆标志认证委员会质量认证中心（英文缩写 CQM-QCC）是经国家质量技术监督局批准，由中国方圆标志认证委员会和中国标准化协会共同依法建立的实施第三方认证的机构，图 2-2 为方圆认证标志。该机构于 1995 年 12 月取得体系认证机构国家认可委员会的认可。中国方圆标志认证委员会质量认证中心依据《中华人民共和国产品质量法》《中华人民共和国标准化法》和国家认证工作管理的规章，按照国际标准化组织认证活动的规范性文件从事认证及其相关活动。

图 2-2　方圆认证标志

中国方圆标志认证委员会质量认证中心依据 GB/T 19000-2016、ISO9000 族质量管理和质量保证系列标准，客观、公正地评价认证企业质量体系符合 ISO9000 国际标准的情况，通过认证提高企业的市场竞争力，保护消费者的合法权益，促进国际贸易。

3. QS 标志

根据原中华人民共和国国家质量监督检验检疫总局令《中华人民共和国工业产品生产许可证管理条例实施办法》（总局令 2014 年 4 月 21 日第 156 号），生产许可证标志由"企业产品生产许可"汉语拼音 Qiyechanpin Shengchanxuke 的缩写"QS"和"生产许可"中文字样组成。标志主色调为蓝色，字母"Q"与"生产许可"四个中文字样为蓝色，字母"S"为白色。

根据新《食品生产许可管理办法》规定，2018 年 10 月 1 日及以后的食品及食品添加剂包装上一律不得继续使用原包装和标签以及"QS"标志，取而代之的是有"SC"（"生产"的汉语拼音字母缩写）标志的编码（见图 2-3）。

4. 食品包装 CQC 认证标志

食品包装 CQC 认证是中国质量认证中心实施的以国家标准为依据的第三方认证，分为食品包装安全认证（CQC 认证）和食品包装质量环保认证（中国质量环保产品认证），如图 2-4 所示。食品包装安全认证实施规则中合理地划分单元，要求企

图 2-3　QS 标志和 SC 标志

CQC 认证标志　　　　　中国质量环保产品认证标志
　　(a)　　　　　　　　　　　(b)

图 2-4　食品包装 CQC 认证标志

业对主原料、添加剂和印刷油墨等关键原料及供应企业进行备案,对关键原材料进行控制,通过产品一致性检查,保证企业产品符合卫生安全要求,降低食品包装的危害隐患。食品包装质量环保认证是对食品包装本身及其生产过程的环保性进行认证,促使企业推广使用新型环保材料,使企业生产工艺以及过程的环保性得以改进、提高。

5. 有机食品认证标志

有机食品(Organic Food)是指来自有机农业生产体系,根据国际有机农业生产要求和相应的标准生产加工的,通过独立的有机食品认证机构,如国际有机农业运动联盟(FOAM)认证的食品。

《有机产品认证管理办法》于 2015 年 8 月 25 日修正,全文共 7 章 63 条,自 2014 年 4 月 1 日起施行。本办法所称有机产品,是指生产、加工和销售符合中国有机产品国家标准的供人类消费、动物食用的产品。办法所称有机产品认证,是指认证机构依照本办法的规定,按照有机产品认证规则,对相关产品的生产、加工和销售活动符合中国有机产品国家标准进行的合格评定活动。

国家推行统一的有机产品认证制度,实行统一的认证目录、统一的标准和认证实施规则、统一的认证标志。国家认监委负责制定和调整有机产品认证目录、认证实施规则,并对外公布。国家认监委按照平等互利的原则组织开展有机产品认证国际合作。开展有机产品认证国际互认活动,应当在国家对外签署的国际合作协议内进行。

中国要求只有获得中国有机认证的食品才可以在其包装上标注有机认证的标志,"有机""ORGANIC"等字样、图案(包括国外的有机认证标志、标识),如图2-5所示。未获得有机产品认证的或获证产品在认证证书标明的生产、加工场所外进行了再次加工、分装、分割的都不允许在产品、产品最小销售包装及其标签上标注"有机""ORGANIC"等。仅获得国外有机产品认证的,根据《有机产品》国家标准和《有机产品认证管理办法》,也不得在产品、产品最小销售包装及其标签上标注"有机""ORGANIC"等可能误导公众的文字表述和图案,包括国外的有机认证标志、标识。

图2-5 我国有机产品认证标志

6. 绿色食品标志

绿色食品是指遵循可持续发展原则,按照特定生产方式生产,经专门机构认定、许可使用绿色食品标志,无污染的安全、优质、营养类食品。其特点有三个:

(1) 绿色食品产生于良好的生态环境;

(2) 绿色食品实行的是"从农田到餐桌"的全过程质量监控;

(3) 绿色食品标志受到法律的保护。

绿色食品标志是由中国绿色食品发展中心在国家市场监督管理总局正式注册的产品质量证明商标。绿色食品标志由三部分组成,即上方的太阳、下方的叶片和中心的蓓蕾,如图2-6所示。标志为正圆形,意为保护。整个图形描绘了一幅阳光照耀下的和谐生机景象,告诉人们绿色食品是出自纯洁、良好的生态环境中的安全无污染食品,能给人们带来蓬勃的生命力。绿色食品的标志还提醒人们要保护环境,通过改善人与环境的关系,创造自然界新的和谐。

图2-6 绿色食品标志

绿色食品应具备以下四个条件:

(1) 产品或产品原料产地必须符合绿色生态环境质量标准;

(2) 农作物种植、畜禽饲料、水产养殖及食品加工必须符合绿色食品生产操作规程；

(3) 产品必须符合绿色食品产品标准；

(4) 产品的包装、贮运必须符合绿色包装贮运标准。

(二) 国际产品质量认证标志

1. CE 认证标志

加贴 CE 认证标志的产品符合有关欧洲指令规定的主要要求 (Essential Requirements)，证实该产品已通过了相应的合格评定程序和 (或) 制造商的合格声明，真正被允许进入欧共体市场销售，图 2-7 为 CE 认证标志。有关指令要求加贴 CE 认证标志的工业产品，没有 CE 认证标志的，不得上市销售；已加贴 CE 认证标志进入市场的产品，发现不符合安全要求的，要责令从市场收回；持续违反指令中有关 CE 认证标志规定的，将被限制或禁止进入欧盟市场或被迫退出市场。CE 标志必须加贴在产品的显著位置，应清晰可辨，不易涂抹。通常情况下，CE 标志加贴在产品或其参数标牌上；若不能将 CE 标志直接贴到产品上，也可加贴到产品的包装或产品附带文件上，但需证明 CE 标志不能贴在产品上的原因。

2. UL 认证标志

UL 是美国保险商实验室 (Underwriter Laboratories Inc.) 的简写。UL 安全试验所是美国最有权威的，也是世界上从事安全试验和鉴定的较大的民间机构。图 2-8 为 UL 认证标志。它是一个独立的、非营利的、为公共安全做试验的专业机构。它采用科学的测试方法来研究确定各种材料、装置、产品、设备、建筑等对生命、财产有无危害和危害的程度；确定、编写、发行相应的标准和有助于减少及防止造成生命财产受到损失的资料，同时开展实情调研业务。

图 2-7　CE 认证标志

图 2-8　UL 认证标志

3. GS 标志

GS 标志是德国安全认证标志，GS 含义是德语 "Geprüfte Sicherheit"（安全认可），但也可以简单理解为 "Germany Safety"（德国安全）。它是德国劳工部授权由特殊的 TUV 法人机构实施的一种在世界各地进行产品销售的欧洲认证标志。GS 标志虽然不是法律强制要求，但是它确实能在产品发生故障而造成意外事故时，使制造商受到严格的德国(欧洲)产品安全法的约束,图 2-9 为 GS 标志。所以 GS 标志是强有力的市场工具,能增强顾客的信心及购买欲望,通常 GS 认证产品销售单价更高且更畅销。

4. JIS 标志

日本工业规格(JIS),是由日本工业标准调查会(JISC)组织制定和审议的标准。JIS 是日本国家级标准中最重要、最权威的标准,图 2-10 为 JIS 标志。根据《日本工业标准化法》的规定,JIS 标准除了对药品、农药、化学肥料、蚕丝、食品以及其他农林产品制定有专门的标准或技术规格外,还涉及各个工业领域。其内容包括:产品标准(产品形状、尺寸、质量、性能等)、方法标准(试验、分析、检测与测量方法和操作标准等)、基础标准(术语、符号、单位、优先数等)。1990 年以来,JIS 标准总数一直保持在 8 200 个左右。

图 2-9　GS 标志

图 2-10　JIS 标志

名词解释:

商品质量、质量管理、全面质量管理、产品质量认证

思考题:

1. 简述商品质量的三个层次。
2. 比较狭义商品质量与广义商品质量的联系与区别。
3. 举例说明商品质量的基本要求。
4. 试分析生产过程的不同环节对商品质量产生的影响。
5. 简述影响农产品质量的因素有哪些。
6. 比较质量管理不同发展阶段的特点。

7. 如何理解全面质量管理的重要性?
8. 识别常见质量认证标志间的不同特点。
9. 简述产品质量认证和质量管理体系认证的区别。
10. 举例说明产品质量认证的意义。

第三章
商品成分

> **引导案例**

世界范围内曾发生多起黄曲霉毒素急性中毒事件,如非洲的霉木薯饼中毒事件,印度的霉玉米中毒事件等。2004—2005 年肯尼亚暴发了特大规模的黄曲霉毒素急性中毒事件,中毒千余人,死亡 125 人,有毒玉米中检出黄曲霉毒素 B_1 的含量高达 4 400 μg/kg,是罕见的黄曲霉毒素中毒事件。玉米是肯尼亚人的主食,当地人日常喜欢吃一种用粗玉米粉制成的粥状食物。黄曲霉素是一种真菌,极易在潮湿环境下贮藏的粮食中生长繁衍。人们食用了含有黄曲霉素的食物后会导致肝脏中毒,从而出现眼睛发黄、呕吐、水肿、虚弱、昏迷等症状,并可能导致死亡。

天气潮湿时,常见的家中的米或其他食物很容易发霉,此时这些常见的家中实物已经变成了自家制造的"毒大米"和发霉食物,不能食用;家用粮食最好购买小包装,小袋真空包装为佳,这样可以有效防止霉菌污染。消费者在食用花生、核桃等食物时如果感觉很苦,那很可能就是黄曲霉毒素,需要及时漱口清除。黄曲霉素主要由黄曲霉和寄生曲霉产生,其基本结构中都含有二呋喃环和双香豆素,根据其细微结构的不同可分为 B_1、B_2、G_1、G_2、M_1、M_2 等多种,其中黄曲霉毒素 B_1 毒性最强,且具有强烈致癌性。

根据我国及世界其他国家的标准规定,黄曲霉毒素的含量如果在安全限量范围之内,并不会对消费者的健康构成风险。我国对大米、食用油等食物中黄曲霉毒素允许量标准有明确规定,婴儿代乳食品更是不得检出。1993 年黄曲霉毒素被世界卫生组织(WHO)的癌症研究机构划定为 I 类致癌物。黄曲霉毒素主要污染粮油及粮油制品,如花生、花生油、大豆、高粱、玉米、小麦、大米等,也可以广泛污染其他各类食品,如蛋类、乳及乳制品。在各类黄曲霉毒素中,以 B_1 分布最广,毒性最大,致癌性最强,因此食品中黄曲霉毒素含量以黄曲霉毒素 B_1 为主要指标。

不同商品有不同的商品成分,其中既有对消费者有利的成分,也有对消费者可能产生不利影响的成分。本章重点介绍商品成分相关内容,它将对商品使用价值产生影响,同时还要注意不同类型商品中商品成分的不同表现。

(资料来源:www.cqn.com.cn/ms/content/2015-05/22/content_2479066.htm)

第一节　商品成分含量与表示方法

商品成分决定品质高低,与品质有关的成分的含量即成为判断商品品质的主要指标。对商品品质有利的、不利的成分,对商品品质的影响都以其含量为基础。不同种类的商品在成分含量的表示方法方面有不同的要求。

一、商品成分含量要求

(一)规定最高限量

目前,对商品品质有不利影响的成分均规定最高限量,不利成分含量越低,商品品质越优,杂质成分和有毒成分均属此类。例如,植物油脂中的水分,食品中的黄曲霉毒素、重金属、残留农药等均属此类成分。对这类成分一般均加注"最大限量""最高限量""最高""不超过""不大于"等或在成分名称之后加注符号"<"。此外,食品添加剂为改善食品品质所必需,需要严格控制使用量,也属此类,它的使用不能超过标准规定的最大使用量。

(二)规定最低限量

一般情况,商品的主要成分和有效成分的含量越高,商品品质越佳,主要采取规定最低限量的表示方法;如果含量过低,就会严重影响商品品质,甚至使商品丧失应有的使用价值。例如,食品中的蛋白质等即属此类。对该类成分的表示一般是在其名称之前或后面注明"不低于""不小于""最低",或用符号">"标注。

(三)要求准确无误

商品成分含量的表示中,有时要求商品的主要成分含量准确无误,其含量关系到该类商品的使用准确性。因此,要求其中主要成分的含量必须准确无误。例如,为保证化学试验的准确性,所使用的化学试剂中的主要成分的含量必须精确。

(四)规定一定的幅度

一部分种类的商品品质允许某些成分的含量在一定幅度内摆动,凡在规定幅度内的含量均为符合要求。例如,烟叶含水量过高或过低都会影响品质,因此,需要规定范围。

(五)不准含有

对于食品中不准含有的有害成分,一般规定"不得检出"。例如,我国国家卫生标准规定婴儿代乳食品不得检出黄曲霉毒素,水果、蔬菜、食用植物油不得检出甲拌磷等。

二、商品成分含量的表示方法

(一) 用百分率表示

用百分率表示商品成分含量,通常用商品中成分的重量占商品重量的百分率表示。其中,有些用商品中成分重量占商品干物质重量的百分率表示,需加注"干态"字样,如"干态某成分%",以区别于"某成分%"。例如,我国出口煤的灰分和挥发分均以干态计算,即按干态灰分%和干态挥发分%计算。另外,还可以用商品中某种成分重量占某几种成分重量和的百分率表示含量。

(二) 用定重商品中含某种成分的重量表示

目前,一般有以一定重量的商品中含某种成分的质量数表示,最常用的单位是毫克/100 克(mg/100 g)、克/千克(g/kg)、微克/千克(μg/kg 或 ppb,即 pats per billion 的简写)、微克/克(μg/g)。

(三) 以一定重量商品中含某种成分的容量、一定容量商品中含某种成分的重量或容量表示

(1) 以一定重量商品中含某种成分的容量表示。常用单位是毫升/100 克(mL/100 g)。例如,我国国家标准《食品安全国家标准 食品中水分的测定》(GB 5009.3-2016)规定,用于蒸馏法进行的试样中水分的含量单位为毫升每百克(mL/100 g)。

(2) 以一定容量商品中含某种成分的重量或容量表示。常用单位有克/100 毫升(g/100 mL)、毫克/100 毫升(mg/100 mL)、毫克/升(mg/L)。

(四) 用测定定量商品中某种成分所需化学试剂的用量表示

植物油脂的酸价是中和 1 g 油脂中游离脂肪酸所需氢氧化钾(KOH)的毫克数,反映植物油脂中游离脂肪酸的含量,从而反映植物油脂的质量,酸价越低油脂品质越佳。啤酒的酸度是中和 100 mL 啤酒中总酸所需 0.1 mol/L 氢氧化钾溶液的毫升数。啤酒的酸度应为 1.8~3,过高或过低均非所宜。

(五) 以商品中被测定成分溶于 1L 浸泡液中的毫克数表示

食品包装用纸中的铅和砷,陶瓷食具容器中的铅和镉,以及铝制食具容器中的锌、铅、镉和砷等的含量,单位为毫克/升(mg/L)。用它们溶于 114%乙酸浸泡液中的毫克数表示。例如,我国铝制食品容器卫生标准中规定:镉(mg/L,以 Cd 计)(4%乙酸浸泡液中)≤0.02,砷(mg/L,以 As 计)(4%乙酸浸泡液中)≤0.04。综上所述,本节充分说明商品成分是决定商品品质、性质、用途、效用、营养价值的基本因素,是研究商品使用价值的基本知识,是评价许多商品品质的主要品质指标。

三、商品成分对商品使用价值的影响

(一) 商品成分与商品品质的关系

商品的成分是判断许多商品品质的重要指标,许多商品品质取决于其中化学成分的种类和含量。了解商品的成分,是鉴定商品品质的前提,特别是众多食品的品质与食品各成分关系密切。例如,对传统食品的最新研究发现,咸鱼等腌制品的品质优劣(咸味、色泽、腊香味、咬劲、质构等)与制品中的主要成分呈显著的相关性,特别是氯化钠、可溶性蛋白质、氨基酸、脂肪、水分等含量对制品的影响十分明显。还有研究表明糯玉米籽粒中的可溶性蛋白、粗蛋白、赖氨酸、脂肪和淀粉的含量直接影响到其口感等品质。植物油脂中游离脂肪酸、磷脂、色素、水分及挥发物、杂质等的含量,关系到油脂新陈、食用价值。

除此之外,原油的含硫量越低,原油品质越好,价格越高。合金钢因含有合金元素,综合机械性能显著优于碳素钢,且合金元素种类越多,总含量越高,质量则越优。化学肥料中氮、磷、钾含量越高,肥效越好,质量越好。另外,杂质和水分对农药有不利影响。

(二) 商品成分与商品性质的关系

商品成分常常可以决定商品的性质或性能。例如,中药材的损耗往往大于其他商品,中药材品种繁多,来源、成分复杂,理化性质各异,贮藏期间易发生各种各样的质量变化,如虫蛀、霉变、风化、潮解、升华、融化、泛油、变色、气味散失和发酵流失等,其中虫蛀和霉变最为常见。还有某些食品中由于含有大量水分和微生物生长所需要的营养物质,容易腐烂变质。又如,关于我国近年消费颇多的干酪的研究越来越多,有研究表明,干酪中的氯化钠具有食品保藏、调味、提供钠源的作用,并对干酪的成熟有一定的影响。

(三) 商品成分与用途的关系

商品具有何种用途与其所含成分的种类和含量有密切关系。化学试剂根据主要成分含量的不同,分为优级纯、分析纯和化学纯,用于不同级别试验的需要。塑料由于所含化学成分的不同,因而种类繁多、用途各异。橡胶是由甲基丁二烯聚合而成,因此既能进行硫化以增强橡胶的强度、耐腐和抗拉裂等性能以及对溶剂的稳定性,又可能因易氧化导致橡胶老化而降低甚至破坏橡胶的机械性能。碳素钢、高速钢、不锈耐酸钢等不同种类钢材由于其碳、钨、钼、铬等元素含量的不同,导致其抗拉强度、硬度、塑性和韧性等性能不同,适用于不同场合。

(四) 食品成分与营养价值的关系

食品对人体具有重要影响,食品中含有人体生长发育和新陈代谢所必需的各种营养物质。人每日必须食用一定数量的食品,才能维持正常的生理机能。食品是否

具有营养价值和营养价值的高低,完全取决于其中所含成分的种类和数量以及它能被人体消化吸收的程度。例如,奶及奶制品、蛋制品、豆制品等含有丰富的蛋白质、氨基酸,因此是众所周知的营养丰富的食品。大豆之所以是重要的食品原料,是由于其中含有丰富的脂肪和蛋白质。大米等谷物含有大量淀粉以及蛋白质、维生素等成分,因此可作为主食。

除了日常主副食品外,目前人们还会接触到种类非常丰富的其他食品,对各种食品的研究也越来越多。例如,茶叶之所以成为遍布全世界的饮料,是因其中含有儿茶素,不仅赋予茶叶以鲜爽醇厚的滋味,而且具有抑制动脉硬化、解毒、止泻和抗菌的药理作用;同时,茶叶含有咖啡因,可兴奋神经中枢,解除大脑疲劳,加强肌肉收缩,消除疲劳,强心利尿等,还有芳香物质产生芬芳馥郁的香气。

变质食品由于营养物质分解减少,同时产生对人体有毒害的物质,所以营养价值降低,甚至失去食用价值。

第二节 食品的成分及商品特性

一、食品的成分与质量要求

(一) 食品中的营养素

《食品工业基本术语》中对食品的定义是:食品是指可供人类食用或饮用的物质,包括加工食品、半成品和未加工食品,不包括烟草或只作药用的物质。食物(食品)内所含的能够供给人体营养的有效成分称为营养素。营养素包括蛋白质、脂类、碳水化合物、维生素、矿物质、水,主要用于构成躯干、修补组织、供给人体热量、调节生理机能等。

1. 蛋白质

在人体各个器官、组织和体液内,蛋白质都是必不可少的,成年人体内约16.3%是蛋白质。蛋白质是生命的物质基础。蛋白质在元素组成上除含碳、氢、氧外,还含氮,有的也含硫、磷、铁、镁、碘和锌。蛋白质的基本结构单位为氨基酸,营养学上将氨基酸分为必需氨基酸和非必需氨基酸两类。蛋白质的主要生理功能包括:构成和修补人体组织;调节身体功能;供给能量。一般认为,成人每日约需80克蛋白质。动物性食物,如肉类、鱼类、蛋类、奶类,是膳食中蛋白质最好的来源;植物大豆是最佳也是最经济的蛋白质来源。

2. 脂类

脂类也称脂质,它包括两类物质:一类是脂肪,由一分子甘油和三分子脂肪酸组成的甘油三酯；另一类是类脂，它与脂肪的化学结构不同，但理化性质相似。在营养学上较重要的脂类有磷脂、糖脂、胆固醇、脂蛋白等。脂类的主要生理功能包括：供给能量；构成一些重要生理物质，维持体温和保护内脏；提供必需脂肪酸；脂溶性维生素的重要来源；增加饱腹感。

3. 碳水化合物

碳水化合物是由碳、氢、氧三种元素组成的一类化合物，其中氢和氧的比例与水分子中氢和氧的比例相同，因而被称为碳水化合物，又称糖类。碳水化合物的主要生理功能包括：供给能量；构成一些重要生理物质；抗酮作用；糖原有保肝解毒作用。碳水化合物的主要来源是谷类、薯类、豆类等。食糖（白糖、红糖、砂糖）几乎100%是碳水化合物。

4. 维生素

维生素是维持机体正常生命活动不可缺少的一类小分子有机化合物。维生素日需要量常以毫克或微克计算，一旦缺乏就会引发相应的维生素缺乏症，对人体健康造成损害。维生素通常按溶解性质不同分为脂溶性和水溶性两大类，脂溶性维生素能溶于脂肪，如维生素A、维生素D、维生素E和维生素K等；水溶性维生素能溶于水，如维生素B_1、维生素B_2、烟酸、维生素B_6、维生素B_{12}和维生素C等。

5. 矿物质

矿物质又称无机盐，也是构成人体组织和维持正常生理活动的重要物质。人体组织几乎含有自然界存在的所有元素，其中碳、氢、氧、氮四种元素主要组成蛋白质、脂肪和碳水化合物等有机物，其余各种元素大部分以无机化合物形式在体内起作用，统称为矿物质或无机盐。常量元素在人体内的含量大于体重的万分之一，主要有钾、钠、钙、镁、磷、氯、硫等。微量元素在人体内的含量小于体重的万分之一，主要有铁、锌、铜、铬、钴、硒、碘、氟、钼、硅、镍等。

6. 水

水是除氧之外维持人体生命的最重要的物质，人体体液的90%以上是水。水与食品中其他成分结合的性质与强度直接影响到食品的外观、结构、味道以及稳定性。水是食品腐败变质的重要原因之一，含水量越多的新鲜食品，腐败变质的可能性越大。

（二）食品中的添加剂

食品添加剂是指为改善食品品质和色、香、味以及为防腐和加工工艺的需要而加入食品中的化学合成或天然物质。联合国粮食及农业组织（FAO）和世界卫生组织（WHO）联合食品法规委员会将食品添加剂定义为：食品添加剂是有意识地以少量添加于食品，以改善食品的外观、风味、组织结构或储存性质的非营养物质。食品添加剂随着食品工业的发展而逐步形成和发展起来，虽然不是食品中的基本营养成分，但是对于现代食品工业而言必不可少，正确认识食品添加剂对于了解食品的知识十分必要。

按照使用目的和用途,食品添加剂可分为:提高和增补食品营养价值的食品添加剂,如营养强化剂;保持食品新鲜度的食品添加剂,如防腐剂、抗氧化剂、保鲜剂;改进食品感官质量的食品添加剂,如着色剂、漂白剂、发色剂、增味剂、增稠剂、乳化剂、膨松剂、抗结块剂和品质改良剂;方便加工操作的食品添加剂,如消泡剂、凝固剂、润湿剂、助滤剂、吸附剂、脱模剂、食用酶制剂等。

(三) 食品中的有毒有害物质

食品污染是指在食品生产经营过程中,可能对人体健康产生危害的物质介入食品中的现象。这些有毒有害物质的介入严重影响了食品安全和食品卫生。目前食品中的有毒有害物质主要有残留农药、重金属、工业有机污染物、不合理的食品添加剂和微生物毒素等。由于安全性是食品的第一要素,因此从食品安全性方面来了解、熟悉有害物质是非常重要的。

(四) 食品的质量要求

1. 食品的安全性

世界卫生组织(WHO)最初将食品安全性(Food Safety)定义为:食物中有毒、有害物质对人体健康影响的公共卫生问题。1996年,WHO将食品安全性定义为:对食品按其原定用途进行制作和食用时不会使消费者受害的一种担保。目前对食品安全性的解释是:在规定的使用方式和用量的条件下长期食用,对食用者不产生不良反应的实际把握。不良反应包括由于偶然摄入所导致的急性毒性和长期微量摄入所导致的慢性毒性。影响食品卫生安全性的因素除了食品自身所含的有害成分外,还包括食品在生产、流通中受外界污染的因素。

首先是农药残留污染。农药、兽药、饲料添加剂对食品安全性产生的影响,已成为近年来人们关注的焦点。例如,我国有机氯农药虽于1983年已停止生产和使用,但由于有机氯农药化学性质稳定,不易降解,在食物链、环境和人体中可长期残留,所以目前在许多食品中仍有较高的检出量;而替代它的有机磷类、氨基甲酸酯类、除虫菊酯类等农药,虽然残留期短、用量少、易于降解,但因农业生产中滥用农药,导致害虫的抗药性增强,而使人们加大农药的用量并采用多种农药交替使用的方式进行农业生产。这样的恶性循环对食品安全性以及人类健康构成了很大的威胁。

其次是重金属污染。重金属是指密度在 $4.0\ g/cm^3$ 以上的约60种元素或密度在 $5.0\ g/cm^3$ 以上的45种元素。砷、硒是非金属,但它的毒性及某些性质与重金属相似,所以将其列入重金属污染物范围内。环境污染领域所指的重金属主要是指生物毒性显著的汞、铝、铅、铬以及类金属砷,还包括具有毒性的重金属铜、镍、锡、钒等污染物。由人们的生产和生活产生的重金属对大气、水、土壤、生物圈等的环境污染就是重金属污染。

最后是生物性污染。生物性污染是指食品在生产、运输、储存、销售和烹制过程中，受到致病微生物、寄生虫、细菌、霉菌等的污染。为了有效防止食品的生物性污染，应加强食品卫生安全监督，提高食品卫生安全管理水平，改善食品加工、运输、储存和销售等环节的卫生条件和环境条件。

2. 食品的色、香、味

色、香、味是指食品本身固有的和加工后所应当具有的色泽、香气和滋味。色的作用主要有两个方面，一是增进食欲，二是视觉上的欣赏。食品的色主要和食品中以下因素有关：动物性色素及其变色，如肉中肌红蛋白的氧化及在肉类加工中加入的保色剂硝酸钠等；植物色素，如叶绿素、类胡萝卜素的存在和变化；微生物色素，如红曲霉菌所分泌的红曲色素；食品加工过程中的褐变等。

香是诉诸嗅觉的物质成分，它的存在方式是一种气味。广义的味觉审美包括嗅觉的参与，即嗅觉对香的感知。香是品味的先导和铺垫，是引发食欲的重要前提。食品中的香主要包括植物性食品的香，如蔬菜、水果的香；动物性食品的香，如肉、乳制品的香；发酵类食品的香，如酒、酱的香；加热食品时形成的香等。

舌面上的味蕾能感受到口腔内的各种化学刺激，当食物的可溶性有味物质与味蕾接触时，味蕾里的细胞纤毛就把感觉信息传送至大脑皮质中枢，于是产生了味觉。人和动物根据味觉来区别食物的性质，调节食欲，控制摄食量。食品的色、香、味等感官性状能反映食品的感官特性，如食品的新鲜程度、成熟程度、加工精度等也是食品对人体感官的刺激因素，它可形成条件反射，影响人们的食欲。

3. 食品的营养价值

人们摄入食品不仅要满足维持生命活动的最基本需要，而且还应能促进身体的健康发育。食品内所含的能供给人体营养的有效成分称为营养素，包括碳水化合物、脂类、蛋白质、维生素、矿物质、水。不同食品所含的营养素不同，为了更好地保证身体健康，人们在摄取食物时应注意合理营养、平衡膳食。

合理营养是指由食物中摄取的各种营养素与人体对这些营养素的需要达到平衡。平衡膳食也是被各国普遍采用的饮食基本准则。自1992年美国农业部发布了旨在帮助美国公众更健康、更合理地安排自己膳食结构的"食物指南金字塔"后，各国相继推出了针对本国国情的膳食指南。中国营养学会根据《中国居民膳食指南》，结合中国居民的膳食把平衡膳食的原则转化成各类食物的质量，制定出平衡膳食宝塔，便于人们在日常生活中实行。平衡膳食宝塔共分五层，包含我们每天应吃的主要食物种类。

二、酒的分类与主要成分

酒属于副食品中的饮料类。酒中含有酒精成分，具有一定的刺激性。

(一) 酒的分类

酒的品种繁多,分类的方法也有若干种,日常生活中常用的分类方法主要有如下两种。

1. 按生产工艺不同分类

(1) 发酵酒。发酵酒是指以粮谷、水果、乳制品等为主要原料,发酵后经过滤工艺所获得的酒。例如,黄酒、啤酒、干型葡萄酒等均为此类。由于发酵物中凡是能溶于水的物质均能进入到酒液中去,故该类酒的化学成分比较丰富,除酒精之外,还含有一定量的糖、可溶性矿物质、氨基酸、多肽、色素等多种化学成分。

(2) 蒸馏酒。蒸馏酒是指发酵完成后通过蒸馏工艺所获得的酒。例如,白酒(烧酒)、威士忌、白兰地、伏特加、朗姆酒等均为此类。由于发酵物中只有沸点小于等于100℃的物质才能进入到酒液中,故该类酒的化学成分比较单一,除水和酒精之外,只含有少量的低沸点有机化合物。

(3) 配制酒。配制酒包括药酒、保健酒、露酒、调味酒等类别。药酒是指以蒸馏酒为酒基,配加中药材制成的酒,这类酒具有一定的防病、治病的功效,如虎骨酒等;保健酒是指以蒸馏酒为酒基,配加保健营养物品加工制成的酒,这类酒具有一定的营养、保健功能,如人参酒、鹿茸酒等;露酒是用蒸馏酒或食用酒精、花果类芳香原料、色素等配制而成的酒,如青梅酒、橘子酒、玫瑰酒等;调味酒是指用发酵酒或蒸馏酒、果汁等为原料,经过调味配制而成的酒,如鸡尾酒等。

2. 按酒中酒精含量分类

酒中的酒精含量通常用酒度表示,酒度是指酒液中酒精含量的体积百分比。

(1) 高度酒。高度酒一般是指酒度为 40 度以上的酒,如白酒、白兰地等。

(2) 中度酒。中度酒一般是指酒度为 20~40 度的酒,如多数的露酒、药酒等。

(3) 低度酒。低度酒一般是指酒度为 20 度以下的酒,如啤酒、葡萄酒、黄酒、果酒等。

按照其他不同的分类标准还可分成不同的结果。例如,我国按商业经营习惯不同,通常把酒分为白酒、黄酒、啤酒、葡萄酒、杂果酒等若干类。

(二) 酒的主要成分

1. 白酒

白酒的主要成分包括水、酒精和低沸点有机化合物,其中水和酒精是白酒的主体。例如,52 度的白酒中酒精含量为 52%,水含量约为 47%,低沸点有机化合物的总含量约为 1%;白酒中的低沸点有机化合物主要包括小分子的醛、酸、酯、高级醇等。白酒的品质与这些成分的含量和比例有着密切的关系,白酒的风格也主要取决于这些成分。此外,白酒中还可能含有少量甲醇、氰化物、杂醇油、重金属等对人体有害的物质。

由于我国白酒生产企业众多,酿酒原料、生产工艺、技术条件各不相同,使得白酒的香气、滋味有较大的差别,形成了不同的风格特点。根据白酒的香气、口味、风格不同,将白酒大致划分为如下四种香型:

(1) 酱香型白酒,以贵州茅台酒为代表,又称茅香型。其风味特点是:酱香突出、幽雅细致、酒体醇厚、回味悠长。挥发性酚类化合物是其香气的主体成分,如苯酚、邻甲酚、愈疮木酚等。我国酱香型白酒种类不是很多,四川的古蔺郎酒和湖南常德武陵酒也属酱香型白酒。

(2) 浓香型白酒,以四川泸州老窖特曲为代表,又称泸香型。其风味特点是:香味浓郁、绵甘适口、口味协调、回味悠长。浓香型白酒的香气主体成分是乙酸乙酯和适量的丁酸乙酯等。浓香型白酒在我国白酒中占的比重较高,如五粮液、洋河大曲、古井贡酒等都属浓香型白酒。

(3) 清香型白酒,以山西杏花村汾酒为代表,又称汾香型。其风味特点是:清香纯正、口味协调、微甜绵长、余味爽净。清香型白酒的香气主体成分是乙酸乙酯、乳酸乙酯等。除汾酒外,河南宝丰酒等也属于清香型白酒。

(4) 米香型白酒,以桂林三花酒为代表。其风味特点是:米香清雅纯正,入口绵软,落口甘洌,回味怡畅。其主体香气成分以乳酸乙酯、β-苯乙醇为主,除此之外,异戊醇和异丁醇的含量要高于其他香型的白酒。

对酒进行质量评定通常是在卫生性指标符合相关要求的基础之上,以感官指标的评审确定其品质。对白酒进行感官鉴定,要求鉴定人员应具有必要的评酒知识和丰富的实践经验。其感官评价指标主要包括状态与色泽、香气和滋味。

2. 啤酒

啤酒是以麦芽、水为主要原料,加啤酒花,经啤酒酵母发酵酿制而成的,是含有二氧化碳的、起泡的、低酒精度的发酵酒。由于含有充足的二氧化碳,能给人以清爽之感,是人们夏季比较喜欢的一种清凉饮料。啤酒中含有丰富的营养成分,所以又有"液体面包"之称。

酿造啤酒的主要原料是水、大麦、酵母、啤酒花、大米,此外,在特种啤酒的酿造中还需要一些其他辅料。

(1) 水是啤酒的"血液",水质的好坏直接影响着啤酒的质量,没有好水是很难酿造出好啤酒来的。一般啤酒厂都需要建立一套酿造用水的处理系统,也有些啤酒厂直接采用高质量的天然水源。

(2) 大麦是酿造啤酒最主要的原料,大麦有良好的生物学特性,酶形成系统完全,容易发芽,制成的啤酒别具风味。

(3) 通常把用于啤酒生产的酵母称为啤酒酵母,它能将麦芽糖转化为酒精、二氧化碳等物质,啤酒中的酒精和二氧化碳都是啤酒酵母发酵的产物。

(4) 啤酒花又称蛇麻花,是一种多年生藤蔓类草本植物,属桑科葎草属。我国新疆、宁夏地区盛产优质的啤酒花,是世界啤酒花的主产地。啤酒花作为啤酒工业的原料始于德国。啤酒花使啤酒具有特殊的清爽的苦味,这种苦味物质不但可以防止啤酒中腐败菌的繁殖,还起到澄清麦汁的作用。

(5) 为了降低生产成本,在中低档啤酒的生产中往往需要使用一定量的大米,酿制啤酒所用的大米必须是优质大米。

啤酒的质量评定感官指标主要包括透明度、色泽、泡沫、香气和滋味等。

(1) 透明度。啤酒的色泽虽有深浅之分,但都要求酒液澄清、透明,不能有悬浮物和沉淀物。

(2) 色泽。啤酒色泽的深浅程度因品种的不同差异很大:淡色黄啤酒的色泽应呈浅黄色至金黄色,浓色黄啤酒的色泽应呈棕黄色,黑啤酒的色泽应呈咖啡色。

(3) 泡沫。啤酒的泡沫对啤酒的质量和风味具有十分重要的意义,啤酒应具有充沛的泡沫,且泡沫细腻、持久,高档啤酒的泡沫应能挂杯,黄啤酒的泡沫应洁白。啤酒的泡沫特征与啤酒中二氧化碳的含量和表面活性物质(如蛋白质、酒花树脂、酒精等)的浓度有关,前者决定泡沫是否充沛,而后者决定泡沫细腻、持久程度。我国啤酒要求二氧化碳含量不得低于 0.3 g/100 g。

(4) 啤酒的香气和滋味。啤酒应具有酒花的清香和麦芽香,黄啤酒要求酒花清香突出,黑啤酒则要求有较明显的麦芽香。啤酒的滋味应具有爽口愉快的感觉,黑啤酒还要求口味醇厚,不能有其他异味。

3. 葡萄酒

葡萄酒的主要原料是葡萄。用于酿酒的葡萄应选择优良的酿酒专用品种。葡萄品种与葡萄酒的产量、质量和风格有密切的关系。适于鲜食的葡萄,一般不适用于酿酒。适于酿酒的品种,鲜食也不一定好吃。酿酒用葡萄应含糖量较高(在 18% 以上),含酸适中(0.7% 左右),出汁率较高(不低于 70%)。酿造白葡萄酒的葡萄色泽要浅,一般应为琥珀色,如雷司令、白彼诺、白翼、白雅、巴娜蒂等;红葡萄酒则以红葡萄、紫葡萄为主,并以宝石红和深宝石红为佳,生产时带皮发酵,果皮中的色素溶入酒液中,使酒液呈红色。

酿造葡萄酒所用的酵母,因酒的品种而异。酿造红葡萄酒,大多是利用果皮上存在的天然酵母进行发酵,既方便,效果又好。酿造白葡萄酒,且只用果汁发酵时,由于要用二氧化硫消毒果汁,此时需用培养酵母。有时为了酿造特殊风味的葡萄酒,也需要添加培养的纯种酵母。

(1) 按葡萄酒的色泽不同,可以将葡萄酒分为红葡萄酒和白葡萄酒两类。红葡萄酒以红色或紫红色葡萄为原料,采用皮肉混合发酵方法制成;酒中溶有葡萄的色素,经氧化而呈红色或深红色;红葡萄酒的口味甘美,酸度适中,香气芬芳。白葡萄酒以黄绿色葡萄(白葡萄)或用红葡萄汁为原料发酵制成,酒的色泽为浅黄色;白葡萄酒的口味纯正,酸甜爽口。

(2) 国际上按葡萄酒中含糖量的不同,将葡萄酒分为干葡萄酒、半干葡萄酒、半甜葡萄酒和甜葡萄酒四类。干葡萄酒是指含糖(以葡萄糖计)量小于等于 4.0 g/L；或者当总糖与总酸(以酒石酸计)的差值小于等于 2.0 g/L 时，含糖量最高为 9.0 g/L 的葡萄酒。干葡萄酒在口中甜味很淡，微酸且清怡爽口，它在欧洲的消费量最大。半干葡萄酒是指含糖(以葡萄糖计)量在 4.0~12.0 g/L，或者当总糖与总酸(以酒石酸计)的差值小于等于 2.0 g/L，含糖量最高为 18.0 g/L 的葡萄酒。半干葡萄酒在口中微有甜味或略感厚实的味道。半甜葡萄酒是指含糖(以葡萄糖计)量在 12.0~45.0 g/L 的葡萄酒，其口味略甜，醇厚爽顺，在日本、美国等国消费量较大。甜葡萄酒是指含糖(以葡萄糖计)量在 45.0 g/L 以上的葡萄酒，其有明显的甜味，这种酒在我国的消费量较大。

(3) 按加工方法分类还可以将葡萄酒分为原汁葡萄酒、半汁葡萄酒、加料葡萄酒、起泡葡萄酒和蒸馏葡萄酒等。葡萄酒的质量可以从感官和理化两个方面进行鉴定，在我国以感官鉴定为主，感官指标及其质量要求主要有如下三项：第一，酒的色泽、透明度以及起泡酒的泡沫情况。色泽要求具有与葡萄果实相近的天然颜色并富有光泽。白葡萄酒应呈麦秆黄色、晶亮；红葡萄酒应呈近似宝石红色，不应呈深棕褐色；白兰地的色泽应呈淡黄色。透明度要求任何品种的葡萄酒都应澄清、透明、无浑浊和沉淀，也不能有悬浮物。起泡情况要求起泡葡萄酒应含有充沛的二氧化碳，倒入酒杯中，泡沫立即升起，要求泡沫洁白、细腻、持久。大香槟酒在开瓶时，要求瓶塞能被气压冲出一定的高度，发出清脆的声响。第二，葡萄酒应具有葡萄鲜果的清香和酒香，且两者配合和谐，不应有其他异味。第三，不同种类的葡萄酒其滋味有一定区别。干型酒的滋味应该清快、爽口、舒适洁净、丰满和谐。甜型酒醇厚爽口，酸、涩、甘、馥各味和谐，爽而不薄，醇而不烈，甜而不腻，馥而不艳(不飘)。各种葡萄酒在口感上均要求口味醇厚，酒质细腻，爽口，回味绵长。

三、茶叶的分类与主要成分

茶叶发源于中国西南山区，自秦、汉时期就与中国人结下了不解之缘，至唐代茶叶就成了与国家政治、经济、思想文化以及人们的日常生活关系非常密切的商品，自此"茶产日盛，名品纷呈""茶为食物，无异米盐"的状态一直延续到了现在。目前，在茶叶、咖啡、可可这世界三大无乙醇饮料之中，茶叶作为饮料的历史最为悠久，饮用地区最为广泛，饮用人数也最多。

(一) 茶叶的分类
由于茶叶的品种很多，分类方法也有多种，常用的分类方法主要有如下两种。

1. 按茶叶的生产工艺分类
在商业经营中，按照茶叶的制造方法不同，并结合茶叶的特点，将茶叶分为红茶、绿茶、青茶、白茶、黄茶、黑茶等若干类。

(1) 红茶。红茶为发酵茶，因其干茶色泽和冲泡后的茶汤、叶底的色泽以红色为主基调而得名。红茶在加工过程中发生了以茶多酚酶促氧化为中心的化学反应,鲜叶中的化学成分变化较大,90%以上的茶多酚转化成了茶黄素、茶红素等新的成分。香气物质从鲜叶中的50多种,增至300多种,从而形成了红茶干茶色泽乌润、汤色红艳明亮,具有红茶特有的香甜味醇的品质特征。

(2) 绿茶。绿茶为不发酵茶,因其干茶色泽和冲泡后的茶汤、叶底的色泽以绿色为主基调而得名。绿茶是历史最早的茶类。古代人类采集野生茶树芽叶晒干收藏,可以看作是广义上的绿茶加工的开始,距今至少有三千多年。但真正意义上的绿茶加工,是从公元8世纪发明蒸青制法开始的。公元12世纪又发明了炒青制法,绿茶加工技术已比较成熟,此法一直沿用至今,并不断完善。

绿茶按杀青和干燥方法不同,一般分为炒青绿茶、烘青绿茶、晒青绿茶和蒸杀青绿茶四类。第一类是炒青绿茶,主要代表有珍眉、贡熙(长炒青)、平水珠茶(圆炒青)、龙井、旗枪、大方(扁炒青)、洞庭碧螺春、南京雨花茶、信阳毛尖、庐山云雾(特种炒青)。其中,扁炒青中的龙井又称西湖龙井,因产于浙江杭州西湖山区的龙井而得名,是我国著名的十大名茶之一。该茶外形扁平挺直,匀齐光滑,芽毫隐藏稀见;色泽嫩绿或翠绿,色调均匀而油润;汤色清澈明亮,香气清鲜而持久,滋味甘美醇厚,有鲜橄榄的回味。特种炒青中的洞庭碧螺春产于江苏太湖东南部的洞庭山上,条索呈螺形,故此而得名,以洞庭山碧螺峰上所产的品质最佳。该茶外形条索纤细、匀整,卷曲似螺,白毫显露;色泽银绿隐翠光润;内质清香持久,汤色嫩绿清澈,香气袭人,滋味清鲜回甜,叶底嫩匀,完整成朵。

第二类是烘青绿茶,烘青绿茶的香气一般不及炒青高,也欠鲜锐。普通烘青绿茶主要用作制花茶的茶坯。其代表性品种主要有黄山毛峰、太平猴魁、六安瓜片、峨眉毛峰等。

第三类是晒青绿茶,以云南大叶种的品质最好,称为"滇青"。川青、黔青、桂青、鄂青等品质各有千秋,但一般不及滇青。

第四类是蒸杀青绿茶,蒸杀青是利用热蒸汽来破坏鲜叶中酶的活性,形成了色泽深绿、茶汤浅绿、叶底青绿的"三绿"特征,但香气较闷,略带青气,涩味也较重,不及锅炒杀青绿茶鲜爽。

(3) 青茶。青茶属半发酵茶,即制作时适当发酵,使叶片稍有红变,是介于绿茶与红茶之间的一种茶类。它既有绿茶的鲜浓,又有红茶的甜醇。因其叶片中间为绿色,叶缘呈红色,故有"绿叶红镶边"之称。

(4) 白茶。白茶最主要的特点是毫色银白,素有"绿妆素裹"之美感,且芽头肥壮,汤色黄亮,滋味鲜醇,叶底嫩匀。冲泡后品尝,滋味鲜醇可口。此外,白茶还具有一定的药理作用,中医认为白茶性清凉,具有退热降火之功效。白茶的主要品种有银针、白牡丹、贡眉、寿眉等。白毫银针是披满白色茸毛的芽尖,形状挺直如针,令人喜爱;汤色浅黄,鲜醇爽口,饮后令人回味无穷。

(5) 黄茶。黄茶的典型特点是"黄叶黄汤",属于轻发酵茶。这种黄色是制茶过程中进行闷堆渥黄的结果。黄茶分为黄芽茶、黄大茶和黄小茶三类。第一类黄芽茶,叶细嫩、显毫,香味鲜醇。湖南岳阳洞庭湖君山的君山银针外表披毛,色泽金黄光亮。此外,四川的蒙顶黄芽、安徽的霍山黄芽、浙江德清的莫干黄芽也是其中的名品。第二类黄大茶,黄大茶著名的品种有安徽的霍山黄大茶、广东的大叶青等。第三类黄小茶,黄小茶著名的品种有湖南宁乡的沩山毛尖、湖南岳阳的北港毛尖、湖北的远安鹿苑、浙江的平阳黄汤等。

(6) 黑茶。由于原料粗老,加工制造过程中堆积发酵时间较长,叶色多呈暗褐色,故称黑茶。此茶主要是我国一些少数民族饮用,藏族、蒙古族和维吾尔族人民比较喜好黑茶。黑茶多是加工紧压茶的茶胚。黑茶产区较广阔,品种花色也较多,有用湖南黑茶加工的黑砖、花砖,用湖北老青茶加工的青砖茶,广西的六堡茶,四川的西路边茶,云南的紧茶、扁茶、方茶和圆茶等。

2. 按产茶季节不同分类

茶叶是一种典型的农副产品,其品质受季节、气候的影响非常大,不同季节由于温度、光照、湿度的不同,芽叶的生长速度也不同,芽叶中积聚的物质成分和浓度会相差很大,故成茶的品质差异性很大。通常将茶叶按生产季节不同,分为春茶、夏茶、秋茶、冬茶四类。

(二) 茶叶的主要成分

茶叶是非常有益于人体健康的饮品,具有醒脑提神、利尿排毒、解热消暑、消脂除腻、防辐射、预防心脑血管疾病等许多功效。茶叶的这些功效主要取决于本身丰富的化学组成。

1. 茶多酚

茶多酚是茶叶中所含的多酚类化合物的总称,也称茶单宁或茶鞣质,含量约为 20%～35%。茶多酚是一种非常好的抗氧化剂,主要包括儿茶素、黄酮、花青素、酚酸等化合物,其中儿茶素在茶多酚中的比例最大,约为 60%～80%。茶多酚与茶叶质量关系十分密切,它既与饮茶的功效有关,也是决定茶叶色、香、味的主要成分。一般来讲,在同一类茶叶中,茶多酚的含量越高,其质量就越好。

2. 生物碱

茶叶中的生物碱主要包括咖啡因、茶碱和可可碱等,含量约为 3%～5%,它们均属于嘌呤的衍生物,其中以咖啡因含量最多,也最重要。咖啡因具有兴奋中枢神经、解除疲劳、强心利尿等功效。纯品咖啡因是针状结晶,微溶于冷水,其溶解度随水温升高而增大,因此当茶水冷凉后,会出现浑浊现象,俗称"冷后浑"。咖啡因在茶叶中的含量约为 2%～4%。茶叶中生物碱的含量与茶叶的质量关系密切,一般来讲,在同一类茶叶中,生物碱的含量越高,茶叶质量就越好。高山茶中生物碱的含量普遍要高于平原茶,芽叶越幼嫩,生物碱含量越高。春茶中生物碱的含量要高于夏茶和秋茶。

3. 芳香油

芳香油又叫茶香精或挥发油,是指茶叶中所含的容易挥发的小分子有机化合物的混合物,其中包括酯、醇、酮、酸、醛类等多种物质,是赋予茶叶香气最主要的成分。茶叶中芳香油的含量很少,约为 $0.003\%\sim0.02\%$。一般情况下,芳香油的含量是嫩叶高于老叶,高山茶多于平原茶,红茶多于绿茶。

4. 蛋白质和氨基酸

茶叶中粗蛋白的含量约为 $17\%\sim20\%$,这些蛋白质大多不溶于水,其中可溶于水的游离氨基酸和多肽含量约为 $1\%\sim3\%$。可溶性氨基酸和多肽的存在提高了茶汤的滋味,使茶汤滋味更加鲜爽。

5. 糖类

茶叶中含糖总量约为 $20\%\sim30\%$,但大多为不溶性多糖,如纤维素等。可溶性糖的含量较少,这些可溶性的单糖和双糖既使茶汤具有鲜甜味,也有助于提高茶香。此外,茶叶中可溶性果胶质可以使茶汤具有醇厚感。

6. 色素

色素是构成干茶、茶汤、叶底颜色的主要物质。绿茶中的色素物质主要是叶绿素,故茶绿、汤绿、底绿;红茶的色素主要是儿茶素的氧化产物茶黄素、茶红素等,故茶红、汤红、底红。

7. 矿物质

矿物质含量约占茶叶干燥重量的 $3.5\%\sim7.0\%$,其中水溶性部分约占 $2\%\sim4\%$。茶叶中的矿物质种类非常丰富,有铁、锌、锰等多种对人体有益的矿物质。

8. 水

成品茶中水分含量约为 $4\%\sim9\%$,平均在 6% 左右。茶叶中的水分与茶叶的储存保管性能密切相关,茶叶中水分含量越高,茶叶的陈化速度越快;当含水量超过 12% 后,茶叶很容易发生霉变。

第三节 纺织品的成分与商品特性

一、纺织品的分类与主要成分

(一) 纺织品的分类

纺织品是人类生活和生产中必不可少的一大类商品,以纺织纤维为主要原料加工而成,是各类机织物、针织物、非织造布、线类、绳类等纺织工业产品的总称。纺织品按生产方式不同分为线类、带类、绳类、机织物、针织物和无纺布六类。

(1) 线类。纺织纤维经纺纱加工而成纱,两根以上的纱捻合成线。

(2) 带类。窄幅或管状织物,称为带类。

(3) 绳类。多股线捻合而成绳。

(4) 机织物。采用经纬相交织造的织物称为机织物。

(5) 针织物。由纱线成圈相互串套而成的织物和直接成型的衣着用品为针织物。

(6) 无纺布。不经传统纺织工艺,而由纤维铺网加工处理而形成的薄片纺织物称为无纺布。

(二) 纺织品的主要成分

纺织品是人类生活和生产中必不可少的一大类商品,服装、装饰、产业用纺织品已成为纺织品发展的三大支柱。纺织品以纺织纤维为主要原料加工而成,同时还需要染料及整理剂等。

1. 纺织纤维

纺织纤维是纺织品的主要原材料,根据其来源和获得方法,纺织纤维常分为天然纤维与化学纤维两大类。

(1) 天然纤维。天然纤维是自然界原有的或从人工培植的植物上、人工饲养的动物上直接取得的纺织纤维,是纺织工业的重要材料来源。

第一类棉纤维。棉纤维生长在棉籽上,其主要成分是纤维素。棉纤维是一种近于纯纤维素的纺织纤维,纤维素的性质决定了棉纤维的理化性质。

第二类麻纤维。麻纤维指的是从各类麻类植物中取得的纤维,包括一年生或多年生草本双子叶植物皮层的韧皮纤维和单子叶植物的叶纤维,韧皮纤维作物主要有苎麻、黄麻、青麻、大麻、亚麻、罗布麻和槿麻等。麻纤维的主要成分是纤维素,还含有胶质、木质素、蜡质等。

第三类丝纤维。丝纤维的纺织原料是桑蚕丝和柞蚕丝。蚕丝的主要成分是丝质和丝胶,丝质是一种蛋白质,由多种氨基酸组成;丝胶是一种带有黏性的物质,包围并胶着在丝质外表。丝纤维是蛋白质纤维。

第四类羊毛纤维。羊毛是天然蛋白质纤维,主要由叫角朊的蛋白质构成。角朊含量占97%,无机物占1%~3%,羊毛角朊的主要元素是C、O、N、H、S。

(2) 化学纤维。化学纤维是人们用化学和机械的方法制得的纤维的总称。化学纤维分为人造纤维和合成纤维两类。

第一类人造纤维。人造纤维也叫再生纤维,是化学纤维中最早生产的品种,主要取自含天然纤维素的物质,如木材、棉短绒、芦苇等,经过化学处理及机械加工而制成。这类纤维有粘胶纤维、富强纤维、醋酸纤维和铜氨纤维等。

第二类合成纤维。合成纤维是将人工合成的、具有适宜分子量并具有可溶（或可熔）性的线型聚合物，经纺丝成形和后处理而制得的化学纤维。通常将这类具有成纤性能的聚合物称为成纤聚合物。与天然纤维和人造纤维相比，合成纤维的原料是由人工合成方法制得的，生产不受自然条件的限制。合成纤维除了具有化学纤维的一般优越性能，如强度高、质轻、易洗快干、弹性好、不怕霉蛀等，不同品种的合成纤维还各具有某些独特性能。

2. 染料及整理剂

纺织品的形成过程，包括纺纱工程、织造工程、染整工程等复杂工序与工艺，虽然形成纺织品的纱线及其种类和结构、织物组织等对纺织品的性质有极重要的影响，但是，对纺织品的性能、品质产生重要影响的还包括许多化学品。例如，在整染中需要的各种染料、表面活性剂，在漂白工序中需要的漂白剂，如次氯酸钠、过氧化氢等。在纺织品加工中引入的化学物质会损害使用者的健康，如有害偶氮染料、甲醛、重金属等。随着人们环境意识和健康意识的不断提高，纺织品及其加工过程的生态要求日益受到重视，部分发达国家已开始实施严格的生态纺织品标准。随着科学技术的发展，新型材料的应用以及多种学科间的交叉、渗透，纺织品生产技术领域产生了许多新的变革、新的技术和新的工艺。纺织品的质量将不断提高，品种将更加丰富。

二、纺织纤维的性质

纺织纤维是指具有一定长度（几十毫米以上）、强度、细度、可挠曲性并可以制成纺织品的纤维。纺织纤维是纺织品的主要原材料，根据其来源和获得方法，纺织纤维常分为天然纤维和化学纤维两大类，具体包括棉纤维、麻纤维、丝纤维、羊毛纤维、人造纤维、合成纤维等。

（一）棉纤维

棉纤维细而短，手感柔软，弹性差，穿着时和洗后容易起皱。为改善棉纤维的皱缩、尺寸不稳定的性能，常对棉织物进行免烫整理，能长时间保持优良的外形。对棉纤维的某些树脂整理也会产生类似作用，提高织物抗皱等性能。另外，与不易变形的涤纶等合成纤维混纺或进行针织加工也是常用的提高抗皱性的措施。

（二）麻纤维

麻纤维总体上是一种高强低伸型纤维，它的断裂强度为 $5.0 \sim 7.0$ cN/dtex（棉纤维为 $2.6 \sim 4.5$ cN/dtex，蚕丝为 $3.0 \sim 3.5$ cN/dtex）。这是因为麻纤维主要是韧皮纤维，而韧皮纤维是植物的基本骨架，有较高的结晶度和取向度，而且原纤维又沿纤维径向呈层状结构分布。例如，亚麻有 90% 的结晶度和接近 80% 的取向度，正因为它有这样高的结晶度和取向度，使麻纤维成为所有纤维中断裂伸长率最低的纤维。除此之外，这一结构特点使麻纤维获得很大的初始模量，比棉纤维高 $1.5 \sim 2.0$ 倍，比蚕丝高3倍,比羊毛纤维高8~10倍,因此麻纤维比较硬,不会轻易变形;但同时也使麻纤维成为弹性回复率很差的纤维,即使只有2%的变形,弹性回复率也只有48%,而棉纤维和羊毛纤维在同样大小的变形时,弹性回复率能达到74%和99%。

(三) 丝纤维

丝纤维是所有纤维中最长的,具有滑润、柔软、半透明、易上色、色泽光亮、柔和的特点。

(四) 羊毛纤维

羊毛是天然蛋白质纤维,是羊的皮肤的变形物,保暖性极佳,多用于秋冬季节的服装,但极易虫蛀。羊毛由包覆在外部的鳞片层、组成羊毛实体的皮质层和毛干中心不透明的髓质层三部分组成。髓质层只存在于粗羊毛中,细羊毛中没有;含髓质层多的羊毛的强度、弹性等性能下降,脆而易折断,不易染色,纺纱价值低。

(五) 人造纤维

(1) 粘胶纤维是粘纤的全称,粘纤又叫作人造丝、冰丝、粘胶长丝。粘纤是以棉或其他天然纤维为原料生产的纤维素纤维。

(2) 富强纤维简称富纤,在粘胶纤维基础上改进而成,市场上称"虎木棉",是一种强度较高的新型粘胶纤维。

(3) 铜氨纤维性质与粘胶纤维相似,可喷纺特细的丝,纤维光洁润滑,与真纤维相似。

(4) 醋酸纤维染色后颜色鲜艳,不受虫蛀,抗皱性优于粘纤,面料手感柔软富有弹性,与真丝相似;但吸湿性差,易洗快干,不易变形。

(六) 合成纤维

合成纤维是以煤、石灰石、水、空气、天然气、石油等为原料,经过化学合成及机械加工而制成。这类纤维有涤纶纤维、锦纶纤维、腈纶纤维、维纶纤维、氯纶纤维、丙纶纤维和氨纶纤维等。

(1) 涤纶纤维为聚酯纤维,我国命名为涤纶,市场俗称"的确良"。

(2) 锦纶纤维过去叫作尼龙,它是合成纤维中发展最早的一种纤维。

(3) 腈纶纤维于1950年在美国开始工业化生产,是目前主要的合成纤维品种之一。

(4) 维纶纤维学名叫聚乙烯醇醛纤维,没有染色的维纶纤维洁白如雪,柔软如棉,有"合成棉花"之称。

(5) 氯纶纤维的学名叫聚氯乙烯纤维,它的优点是耐化学腐蚀性,保暖性、防火性都很好。

(6) 丙纶纤维于1957年正式开始工业化生产,是合成纤维中的后起之秀。由于丙纶纤维具有生产工艺简单、产品价廉、强度高、相对密度轻等优点,所以丙纶纤维发展得很快,目前丙纶纤维是合成纤维的第四大品种。

(7) 氨纶纤维是聚氨基甲酸酯弹性纤维在我国的商品名称。氨纶纤维于 1959 年开始工业化生产,它主要编制有弹性的织物,通常将氨纶纤维与其他纤维纺成包芯纱后,供织造使用。它可用于制造各种内衣、游泳衣、紧身衣、牛仔裤、运动服、带类的弹性部分等。

三、纺织品的形成与评价

(一)纺织品的形成

纺织品以纺织纤维为主要原料加工而成,同时还需要染料和整理剂等。纺织纤维、染料和整理剂是决定纺织品性质的重要因素。纺织品的形成过程,特别是形成纺织品的纱线及其种类和结构、织物组织等都对纺织品的性质有极重要的影响。

1. 纺纱工程

把短纤维加工成纱线的过程称为纺纱工程。各种纤维的纺纱,虽然具有各自的特点,但其纺纱的基本原理是一致的。现代纺纱工程主要分为开松、梳理、牵伸和加捻四个环节。

2. 织造工程

通过织机的机械作用,把纱线按一定规律交织或成圈串套形成织物的加工过程,称为织造工程。其中,用相互垂直排列的经纱(与布边平行)与纬纱(与布边垂直)两个系统在织机上交织形成的织物,叫作机织物或梭织物。用一个系统纱线在针织机上成圈串套形成的织物,叫作针织物。

针织物与机织物的主要区别在于:针织用纱所用的纤维较长且含杂质少,加捻回数较少,故针织用纱洁净、细度均匀且柔软性好;而机织用纱,尤其是经纱,因织造中易受到较大张力和剧烈摩擦而要求加捻回数较多,强度较高。针织物编织密度较小,透气性良好,伸缩性和弹性大,柔软性较好,能随人体活动伸展自如,穿着方便、舒适,但在耐用、挺括等性能方面尚不及机织物;机织物通常交织密度较大,经纬纱相互约束,质地较紧密,弹性、延伸性和透气性均不如针织物,但其耐用性、挺括性、尺寸稳定性均优于针织物。

3. 染整工程

染整工程是对织物(包括纤维、纱线)进行物理或化学处理,赋予其色彩、形态、优良手感或特种性能的加工过程。染整工程包括前处理、染色、印花和整理四个环节。

(二)纺织品的评价

1. 坚固耐用性

织物的损坏因素很多,其中最基本的是拉伸、弯曲、顶裂与摩擦等机械力作用所致。此外,在洗涤时织物受到水、皂液等的作用,外衣穿用时受到阳光照射,内衣则与汗液起作用,有些工作服还与化学试剂等发生作用。因此,织物的损坏是由于在使用过程中受到机械的、物理的、化学的以及微生物等各种因素的综合作用所造成的。

织物在一定使用条件下抵抗损坏的性能,称为织物的坚固耐用性。织物的坚固耐用性与织物所用纤维及纱线性质有关,也与织物本身的结构特征有关。当所用纤维及纱线性质相同时,织物结构的不同往往会给这些机械性质带来很大差异。织物的拉伸、撕裂和顶破等各项性能的好坏直接影响制品的坚固耐用性。

2. 服用性、卫生性

服用性即织物穿着的舒适性,与卫生性一起,是反映织物品质的重要性质。织物的服用性和卫生性常通过透气性、透湿性、透水性、防水性、吸水性、保温性等性能体现出来。

人体穿着衣服后,身体与环境之间仍处于不断的能量、物质交换中。人体的舒适感觉取决于人体本身产生的热量、水分等与周围环境之间交换平衡,服装在能量交换中起着调节作用。舒适时最佳的皮肤平均温度为 33℃,如果相应于各种活动而选择适当的衣服,即使处于较冷空气中,这一平均温度也可以保持。在比较不利的气温条件下,当皮肤温度高于或低于该最佳温度时,人体则通过皮肤循环或汗液蒸发来调节体温,从而获得适当的舒适感。服装在能量交换中,一般是通过热、湿的传递过程而发生调节作用的。

3. 装饰性、美学性

织物的装饰性、美学性也是反映织物品质的重要性质,织物的装饰性、美学性与织物形态是密切联系在一起的,常通过刚柔性、悬垂性、抗皱性、免熨性、尺寸稳定性、染色牢度等性能体现出来。

第四节 日用工业品的成分与商品特性

一、日用工业品的成分

(一)日用化学品

1. 肥皂

肥皂又称皂,历史非常悠久,是人类使用的第一种洗涤去污用品,它和人们日常生活的关系非常密切,是所有高级脂肪酸盐的总称。

皂根据金属离子的不同,分为碱金属皂和金属皂两类。碱金属皂是指高级脂肪酸与碱金属(第一主族金属)形成的皂;金属皂是指高级脂肪酸与碱金属之外的其他金属形成的皂。金属皂均微溶或难溶于水,因此,无洗涤去污力,他们多是化工业的原料,如油漆生产中使用的铅皂、医药行业中使用的镁皂等。碱金属中的锂、铷、铯、钫都是稀有金属,价格昂贵,只有钠、钾(广泛存在于海水、盐湖、盐矿中)才具有制皂价值。碱金属皂均溶于水,都具有洗涤去污力。日常生活中使用的洗涤皂主要是钠皂和钾皂。本节将要讨论的皂也是钠皂和钾皂。

当前,洗涤用品污染是环境污染的重要方面,应该引起人们的足够重视。与合成洗涤剂相比,皂在环境中的残存期要短得多,因为自然界中存在很多能分解皂的微生物。皂对皮肤的刺激性要低于大多数的合成洗涤剂,只要皂的pH值控制在标准规定的范围之内,其对皮肤的损伤可以忽略不计。

皂的原料有油脂、合成高级脂肪酸、碱以及各种助剂。

(1) 油脂。油脂是高级脂肪酸的甘油酯,一分子脂肪是由一分子的甘油和三分子高级脂肪酸酯化而成的,即三脂肪酸甘油酯。油脂广泛存在于自然界中,是生物体合成得到的一类物质。

(2) 合成高级脂肪酸。合成高级脂肪酸是以石蜡为原料,经氧化制得的高级脂肪酸。合成高级脂肪酸的价格较天然油脂低,但其成皂质量较差。目前,大多数制皂企业在不影响皂的质量的前提下,加入适量的合成高级脂肪酸,以降低成本。

(3) 碱。制皂用碱主要是氢氧化钠,其次是碳酸钠、碳酸钾、氢氧化钾。其作用是与油脂进行皂化反应而生成皂。

(4) 助剂。皂生产中使用的助剂很多,其作用也是多方面的,既能改善皂体状态和洗涤性能,提高皂的品质;也有填充作用,增加体积,便于使用。

2. 合成洗涤剂

合成洗涤剂是指经化学合成得到的所有表面活性剂的总称。表面活性剂是指能够降低表面张力的物质。近半个世纪以来,随着石油化工业的飞速发展,合成洗涤剂工业迅速发展壮大,合成洗涤剂的品种越来越多,应用也越来越广泛,在工业生产、医药卫生、家用洗涤等领域起着越来越重要的作用。

合成洗涤剂的品种多,不同品种间的性能、特点差异性较大,应用范围广。合成洗涤剂在硬水中不会产生沉淀,便于漂清。合成洗涤剂的使用pH值范围非常广泛,能配制成适合洗涤丝毛织品用的中性产品。合成洗涤剂可以加工成多种状态(如粉状、膏状、液状等),具有便于使用、省时省力的优点。但大多数品种的自然降解能力差,在环境中的残留期较长,对环境污染较重,且部分品种还具有一定的毒性或较强的腐蚀性。

3. 化妆品

化妆品是以化妆为目的的产品的总称。我国《化妆品卫生规范》中给化妆品下的定义是:化妆品是指以涂搽、喷洒或其他类似的方法,散布于人体表面任何部位(皮肤、毛发、指甲、口唇、口腔黏膜等),以达到清洁、消除不良气味、护肤、美容和修饰目的的日用化学工业产品。

自有史料记载以来,世界各地的不同民族,尽管文化和习俗各有差异和特点,但是都使用各种物质对自己的容貌加以修饰。随着社会的进步和发展,人们更加认识到化妆品对于美化容颜和保护皮肤的重要作用。化妆品已成为人们不可缺少的日用产品。

进入20世纪80年代以来,有机合成化学的迅速发展为化妆品的生产提供了大量新颖原料,如各种合成的表面活性剂、滋润物质、保湿剂、功能性物质、营养性物质、香料、色素等。这些新颖原料在配方中的应用,促使化妆品发生了质的改变,品种更加丰富,作用更加全面,效果更显著。

(二) 塑料制品

塑料是一类具有可塑性的高分子材料,它以合成树脂为主要成分,在一定的温度、压力等条件下可塑制成形,并在常温下保持形态不变。

与金属、橡胶等材料相比,塑料是一类年轻的通用材料,只有150年左右的历史。1868年人们以棉花为原料,将天然纤维素硝化后,用樟脑作增塑剂,得到了世界上第一种塑料,称为赛璐珞。从此,开始了人类开发、使用塑料的历史。

大多数的塑料是多组分材料,是由合成树脂和各种助剂混合而成的混合物,合成树脂的含量在塑料中约为40%～100%。少数塑料可不使用助剂,由纯合成树脂加工而成,如聚乙烯、聚苯乙烯等,这样的塑料被称为单组分塑料。

合成树脂是指以具有聚合功能的低分子化合物为原料,通过聚合反应合成得到的高分子化合物。聚合使用的低分子化合物又称为单体,如乙烯、丙烯、氯乙烯等。这些单体大多是以石油、煤、天然气等为原料加工得到的化合物。

助剂在塑料中所占比例较少,但对塑料制品的质量有着不可忽视的影响。不同品种的塑料,因用途和加工成形的方法不同,需要加入的助剂种类和用量也不同。塑料助剂按在塑料中所起的作用不同,常分为增塑剂、稳定剂、阻燃剂、抗静电剂、发泡剂、着色剂、润滑剂、填充剂等若干类。

(三) 玻璃、陶瓷制品

1. 玻璃制品

玻璃制品是以玻璃为原料加工而成的制品。它具有精致美观、经久耐用、便于成形、价格低廉等特点。玻璃制品与人们的日常生活关系十分密切。

玻璃是由二氧化硅与各种金属氧化物经高温熔融,冷却后形成的无定形体。玻璃的主要化学组成是二氧化硅和各种金属氧化物(也包括B_2O_3等非金属氧化物),其中,二氧化硅的含量大约为70%～100%,其余为金属氧化物,如Na_2O、K_2O、Li_2O、CaO、MgO、BaO、PbO_2等。

2. 陶瓷制品

陶瓷有广义与狭义之分,广义的陶瓷是经高温烧结处理所得到的非金属无机材料的总称,包括狭义的陶瓷、玻璃、耐火材料、水泥、石灰、碳素材料、高温烧结氧化物材料、高温烧结氮化物材料、高温烧结硼化物材料等,几乎包括了所有的无机非金属材料。狭义的陶瓷是指以黏土、高岭土等为主要原料,经成形、烧制等工艺加工得到的非金属无机烧结物。日常生活中所说的陶瓷主要是指狭义的陶瓷。

陶瓷是陶和瓷的总称,两者具有一定的区别:陶器的坯料是普通的黏土,瓷器的坯料是瓷土(高岭土);陶器的烧成温度在900℃左右,瓷器则需要1 200℃左右才能烧成;陶器不施釉或施低温釉,瓷器则多施釉;陶器坯质粗松,断面吸水率高,瓷器经过高温焙烧,坯体坚固致密,断面基本不吸水,敲击声清脆。

二、常见的塑料制品

塑料的种类很多,目前已实现工业化生产的塑料有200多种,其中常用的有60多种,日常生活中常见的塑料制品有以下几大类。

(一) 聚乙烯(PE)

聚乙烯是以乙烯为单体,经聚合得到的一种热塑性树脂。此外,也包括乙烯与少量α-烯烃的共聚物。聚乙烯无毒、无味、无臭,纯品为乳白色半透明体,手感似蜡。聚乙烯为柔性树脂,断裂伸长率高,柔性好,具有优良的耐低温性能(最低使用温度可达－100℃～70℃),耐热性较好(最高使用温度80℃～100℃)。化学稳定性好,能耐大多数酸、碱的侵蚀,但浓硫酸、浓硝酸及某些氧化剂会缓慢侵蚀聚乙烯。聚乙烯是日用塑料中产量最大、价格低廉、适用性最好的一种通用塑料,主要用来制造各类薄膜、容器、软管、编织袋、电线电缆、日用品等,亦可作为电视、雷达等的高频绝缘材料。

(二) 聚氯乙烯(PVC)

聚氯乙烯是以聚乙烯为单体聚合得到的热塑性树脂,包括聚氯乙烯均聚物和以聚乙烯为主要单体与第二单体共聚得到的树脂。聚氯乙烯也是目前使用量较高的塑料之一,其消耗量仅次于聚乙烯和聚丙烯。聚氯乙烯的硬度高,为刚性树脂,有较好的机械性能。化学稳定性良好,难燃,具有自熄性。对光和热的稳定性差,在100℃以上或经长时间阳光暴晒,就会分解而产生氯化氢,并进一步自动催化分解,释放出氯乙烯,物理机械性能也随之下降。在实际应用中,聚氯乙烯必须加入稳定剂以提高热和光的稳定性。由于大多数的稳定剂是有毒的,且聚氯乙烯热分解产生的氯乙烯也是有毒物质,因此,聚氯乙烯塑料不能用于包装食品。

(三) 聚丙烯(PP)

聚丙烯是由丙烯聚合得到的一种热塑性树脂。聚丙烯通常为乳白色半透明固体,为结晶性高聚物,刚性较PE略高,无臭、无毒,熔点高达164℃～170℃,耐热性好,是通用树脂中耐热性最好的树脂,低负荷条件下可在110℃连续使用,断续使用温度可达120℃,制品可用蒸汽消毒。聚丙烯抗张强度、抗弯强度优于聚乙烯。但聚丙烯的低温使用性能较差,低温条件下易变脆,耐老化性较差,印染性较差。

聚丙烯的用途很广,制品有货物周转箱、包装箱、中空容器、汽车部件、家用电器部件、医疗器械、家具、水杯、面盆、提水桶等。近年来,聚丙烯复合薄膜发展很快,可防湿、隔气和蒸煮,常用作食品、饮料软包装。聚丙烯管道可用于输送热水、工业废水和化学品等。

(四) 聚苯乙烯(PS)

聚苯乙烯是以苯乙烯为单体聚合得到的一种热塑性树脂。聚苯乙烯为非结晶高聚物,无毒、无臭,为刚性树脂,无色透明,透光率仅次于有机玻璃,具有良好的光泽;染色性好,色彩鲜艳;具有优异的电绝缘性、高频介电性和耐电弧性,是电气性能特别优异的高分子材料之一。聚苯乙烯常用于工业装饰、照明指示和电子器件,也是制造玩具、一次性餐具等的廉价材料。聚苯乙烯的发泡性非常好,常用于制作防震包装和隔热用的硬质泡沫塑料。

三、化妆品的质量要求

(一) 包装及标签要求

化妆品的包装应整洁美观、封口严密不泄露,直接印在化妆品容器上或用标签粘贴在容器上的产品说明以及文字、图表和绘图等形式的其他有关说明都必须符合规定。化妆品标签除标有产品名称外,还应注明厂名、厂址、生产企业卫生许可证编号及有效成分,小包装或说明书上应该注明生产日期和有效期限,特殊用途的化妆品还应注明批准文号,对含药物的化妆品或可能引起不良反应的化妆品还应注明使用方法和注意事项等。

(二) 感官质量要求

感官质量要求主要包括色泽、气味、形状等方面的要求。利用人体的感觉器官加以检验,这也是化妆品经营者管理时以及消费者挑选时普遍采用的检验方法。

(1) 色泽。要求无色固状、粉状、膏状及乳状化妆品应洁白有光泽,液状化妆品应清澈透明,有色化妆品应色泽均匀一致、无杂色。

(2) 气味。要求化妆品必须具有芬芳的香气,香味可根据不同的化妆品呈现不同的香型,但必须持久、无强烈的刺激性。

(3) 形状。要求固状化妆品应软硬适宜,粉状化妆品应粉质细腻,膏状化妆品应稠度适当、质地细腻,液状化妆品应清澈均匀、无杂质等。

(三) 卫生安全性要求

要求化妆品没有异臭,对皮肤和黏膜没有刺激和损伤,无感染性,使用安全。《化妆品卫生规范》(2002年版)中规定了化妆品的禁用物质,有421种化学物质和75种动、植物来源的物质禁止作为化妆品的组成成分;还规定了化妆品中的限用物质,如汞、铅、砷和甲醇等有害物质的限量(汞的限量为 1 mg/kg、铅的限量为 40 mg/kg、甲醇的限量为 2 000 mg/kg)，限用的防腐剂有 55 种，限用的着色剂有 157 种等。此外，特殊用途的化妆品质量既要符合化妆品的要求，又要符合药品的规定。进口化妆品必须经国家商检部门检验，合格者方准进口。

四、玻璃制品分类

玻璃的种类很多，分类方法也有多种，常用的分类方法有如下三种。

(一) 按玻璃中所含金属氧化物的种类分类

按玻璃中所含金属氧化物的种类不同，可将玻璃分为钠玻璃、铅玻璃、硼玻璃、石英玻璃等若干种。

(1) 钠玻璃。钠玻璃是一种很普通的玻璃，建筑用玻璃、包装用玻璃多为钠玻璃。钠玻璃的力学性质、光学性质、热稳定性、化学稳定性均不好，且铁杂质的含量较高，致使其带有浅绿色。钠玻璃的成本很低，因此，钠玻璃被应用于性能要求不是很高的大宗玻璃制品和普通日用玻璃制品。

(2) 铅玻璃。铅玻璃的光折射率、反射率高，因此，其外观光泽非常好，给人一种晶莹剔透的感觉，音质很好，碰击时会发出清脆的金属敲击声。铅玻璃是玻璃中硬度最低的一种，易于雕刻和磨花，主要用于制造光学仪器、高档玻璃装饰品(如雕花花瓶等)等。但铅玻璃有毒，不适宜加工日用玻璃器皿。

(3) 硼玻璃。硼玻璃是玻璃中硬度最高、机械强度最高的玻璃，耐热性仅次于石英玻璃，硼玻璃与铅玻璃类似，具有很好的光泽，敲击声清脆。硼玻璃主要用于制造高档化学玻璃仪器、高档日用玻璃器皿、电视机(显示器)屏幕等。硼玻璃、铅玻璃统称为品质玻璃。

(4) 石英玻璃。石英玻璃是由纯二氧化硅熔制而成的玻璃，又称水晶或水晶玻璃，其二氧化硅的含量几乎高达 100%。石英玻璃常根据来源不同分为两种：一种是天然水晶，是自然界中天然存在的纯二氧化硅结晶，多数因含有微量的金属离子，而带有轻微的色泽；另一种是人造水晶，是用高纯度石英砂，不加任何助剂，经高温熔融而成。石英玻璃是玻璃中耐热性最好的一种，其力学性质、化学稳定性非常优秀，紫外线透过率很高。石英玻璃常用于制造装饰品、高温仪器或灯具、紫外杀菌灯等。

(二) 按玻璃的用途分类

按玻璃的用途不同，可将玻璃分为普通玻璃、化学玻璃、光学玻璃等若干种。

(1) 普通玻璃。普通玻璃是指用于加工建筑用的玻璃板、包装用玻璃、普通日用玻璃制品等。这类玻璃多为钠玻璃或钾玻璃。

(2) 化学玻璃。化学玻璃是指用于加工化学玻璃仪器的玻璃。这类玻璃要求耐热性、化学稳定性好。钾玻璃、铝玻璃、硼玻璃均可作化学玻璃。

(3) 光学玻璃。光学玻璃是指用于加工光学仪器的玻璃,如显微镜、望远镜、照相机镜头等。这类玻璃要求光学特性突出,应具有非常高的化学均匀性(玻璃是由多组分构成的混合物,各组分混合的均匀性直接影响着折光的均匀性,进而决定成像的逼真度)和透光率。

(三) 按玻璃的结构及性能特点分类

按玻璃的结构及性能特点不同,可将玻璃分为钢化玻璃、强化玻璃、镀膜玻璃、调光玻璃、中空玻璃、微晶玻璃等若干种。

名词解释:

商品成分、商品成分含量、有害成分

思考题:

1. 商品成分与商品品质、商品性质之间有什么关系?
2. 举例说明商品成分含量不同的表示方法。
3. 试分析现代社会中的商品成分对人体健康产生的影响。
4. 举例说明为什么有些成分在商品中不准含有。
5. 列举常见商品中的主要成分,并简要说明其作用。
6. 为什么食品的卫生安全性非常重要?环境与食品安全性之间有什么联系?
7. 如何根据感官指标评定商品质量?请举例说明。
8. 结合现阶段实际情况,分析如何在日常生活中保护好纺织类商品?
9. 举例说明化妆品的具体质量要求。
10. 日常塑料制品的优缺点有哪些?
11. 玻璃制品分类有哪些?如何保护生活中的玻璃制品?

第四章 商品分类

引导案例

2020年受全球新冠肺炎疫情影响,全球经济发展都在一定程度上有所减缓,一些商家甚至因此改变了经营管理的战略部署,有些连锁经营企业开始关闭全球部分店铺,很多经营遇到困难的企业直接退出市场竞争。而在这个特殊时期,部分与消费者生活息息相关的生鲜电商却迎来了新的发展机遇期。叮咚买菜、盒马鲜生、每日优鲜这三家生鲜经营为主的企业就是典型代表。

叮咚买菜于2017年5月正式上线,平台坚持"决不把不好的菜卖给用户"理念,零元起送费和配送费,最快29分钟送菜上门等,赢得了很多消费者的青睐。叮咚买菜是"移动端下单—前置仓配货—即时配送到家"模式,作为生鲜新零售的代表,为用户提供更为便捷的生鲜到家服务。叮咚买菜有着一套自己的运营体系,特别注重降本增效、保持产品新鲜及提升用户体验等。

数据显示,叮咚买菜的滞销损耗通常只有1‰,这一方面基于人工智能系统的预测,另一方面也是可以根据用户喜好和仓储数据做智能推荐。其中商品分类起到至关重要的作用。智慧供应链生鲜的数字化非常难,但数字化是生鲜电商的基础,结合既定用户群进行商品智能分类和精准推送,可以有效提升商品出库率以及减低滞销损耗。通过销量预测智能算法系统,叮咚买菜订单的整体预测准确率达到90%以上,高效单品的整体预测准确率达到95%,极大地提高了运营效率,减少流程损耗。此外,叮咚买菜采用的前置仓模式也是其迅速发展的关键,前置仓建立在离消费者最近的地方,辐射周边1~3千米区域,根据消费者需求,由总仓配货至前置仓,用户手机下单后最快29分钟即时送货到家。

商品的合理分类能够提高企业管理效率,方便消费者购买。如何科学地进行商品分类,关键在于要明确商品的分类目的、分类原则、分类方法和分类标志等基本问题。目前商品分类越来越成为商品学研究的重要内容之一。本章将系统地阐述相关的基本理论和方法。

(资料来源：https://baijiahao.baidu.com/s?id=16822194691031994151&wfr=spider&for=pc)

第一节 商品分类的概念和标志

一、商品分类的概念和意义

（一）商品分类的概念

商品、材料、物质、现象等概念都是概括一定范围的集合总体。任何集合总体都可以根据一定的标志逐次归纳为若干范围较小的单元（局部集合体），直至划分为最小的单元。这种将集合总体科学地、系统地逐次划分的过程称为分类。分类具有普遍性，凡有物、有人、有一定关联职能的地方都存在分类。分类能够把无规律的事物按照不同的特点、类型等进行归类，使事物更有规律。

生活中的商品种类繁多，据不完全统计，在市场上流通的商品有 25 万种以上。为了方便消费者购买，有利于商业部门组织商品流通，提高企业经营管理水平，需要对众多的商品进行科学分类。

为了一定目的，选择适当的分类标志，将商品集合总体科学地、系统地逐级划分为门类、大类、中类、小类、品类、种类、品种、细目的过程称为商品分类。

（二）商品分类的意义

商品分类既是商品学的重要研究内容，也是商品经营管理的一种手段。随着科学技术的进步和商品生产与交换的不断发展，商品种类日趋增多，商品分类的意义越来越大。

1. 商品分类为各部门、各企业实施各项管理活动奠定科学基础

商品种类繁多、特征多样、价值不等、用途各异，只有将商品进行科学分类，从生产到流通领域的各项日常管理工作才能顺利进行，来自各部门、企业、环节的统计数据和商品信息才具有可比性和实用价值。电子计算机及网络技术的广泛应用，促进了商品生产和流通的现代化。现代技术在经营管理中的应用，使得如今的管理方式与传统的经营管理方式有了较大区别，但都离不开科学的商品分类。商品分类是实行现代化管理的前提，现代化管理对商品分类的技术手段和方法要求越来越高。

2. 商品科学分类有利于推进标准化进程

通过商品的科学分类，可以使商品名称、规格、型号、等级、计量单位、包装、标签等特征实现统一化、标准化，从而避免同一商品在不同部门和领域，由于上述特征的

不统一而造成管理上的困难。在国际贸易中,外贸商品分类的科学性与换汇和税收关系很大,因此,追求商品分类的高度标准化、统一化,已成为各贸易伙伴国之间的共同目标。制定各种商品标准,也必须以科学而明确的商品分类为前提,只有如此,才能有的放矢地拟定各类商品的具体质量要求和质量指标。

3. 商品科学分类有利于开展商品研究

由于商品种类繁多、特征及性能各异,它们对包装、运输、储存的要求也各不相同。只有通过对商品的科学分类,将研究对象从个别商品特征归纳总结为某类商品的类别特征,才能深入分析和了解商品的性质和使用性能,全面分析和评价商品质量以及研究商品质量变化规律,从而有助于商品质量的改进和提高,有利于商品检验、包装、运输、保管和科学养护,以及加强流通领域的商品质量保证和防止商品损失、损耗。通过商品的科学分类,还有利于对商品品种和结构进行研究,从而为商品品种发展和新品种开发提出科学的依据。

4. 商品的科学分类便于消费者和用户选购商品

在销售环节中,通过科学的商品分类和编制商品目录,能有秩序地安排好市场供应,从而便于消费者和用户选购。商品分类的类目及其应用实例见表4-1。

表 4-1 商品分类的类目及其应用实例

商品类目	应 用 实 例	
商品门类	消费品	消费品
商品大类	食品	日用工业品
商品中类	食粮	家用化学品
商品小类	乳及乳制品	洗涤用品
商品品类	奶	肥皂
商品种类	牛奶	香皂、洗衣皂
商品品种	全脂饮用牛奶	茉莉香型香皂

二、商品分类的标志

(一) 选择商品分类标志的基本原则

分类标志是编制商品分类体系和商品目录的重要依据和基准。对商品进行分类,可供选择的标志很多,在选择时,应该遵循如下原则:

(1) 目的性。分类标志的选择必须保证在此基础上建立起的分类体系能够满足分类的目的和要求。

(2) 包容性。分类标志的选择必须保证在此基础上建立的分类体系能够包容拟分类的全部商品,并为不断纳入新商品留有余地。

（3）区分性。分类标志本身含义明确，必须保证能够从本质上把不同类别的商品明显区分开来。

（4）唯一性。分类标志的选择必须保证每个商品只能在体系内的一个类别中出现，不得在不同类别中反复出现；体系内的同一层级范围只能采用同一种分类标志，不得同时采用几种分类标志。

（5）逻辑性。在唯一性原则得到强调的同时，还要兼顾到分类标志的选择必须保证使商品分类体系中的下一层级分类标志成为上一层级分类标志的合乎逻辑的继续和具体的自然延伸，从而使体系中不同商品类目间并列或者隶属的逻辑关系明晰了然。

（6）简便性。分类标志的选择，必须保证建立起的商品分类体系在实际运用中便于操作、易于使用，有利于采用数字编码和运用电子计算机进行处理。

（二）常用的商品分类标志

商品分类标志，实质是商品本身固有的某种属性。目前还未发现一种能贯穿商品分类体系始终、对所有商品类目直到品种和细目都适用的分类标志。因此，在一个分类体系中，常采用几种分类标志，往往每一个层次用一个适宜的分类标志。商品的用途、原材料、加工方法、主要成分或特殊成分等是这些商品最本质的属性和特征，是商品分类中最常用的分类依据。

普遍选用的商品分类标志是具有共性的一些标志，是所有商品种类共存的特征、性质、功能等。例如，物质形态、体积、产地、原材料、加工方法、用途等，一般用于大类、中类、小类、品类等高级层目类划分。

局部选用的商品分类标志是商品的一些突出特征，通常是部分商品共有的特征，也称为特殊分类标志，一般用于商品种类、商品品种以及规格、花色、质量等级、型号等细目类的划分。

1. 以商品的用途为分类标志

一切商品都是为了满足社会上的一定用途而生产的，因此商品用途是体现商品使用价值的重要标志，也是探讨商品质量的重要依据。以商品的用途为分类标志，不仅适合于对商品大类的划分，也适合于对商品类别、品种的进一步划分，被广泛应用于商品的研究、开发和流通领域。例如，商品按用途可分为生活资料和生产资料；生活资料按用途可分为食品、衣着类用品、日用品等；日用品按用途又可分为器皿类、玩具类、洗涤用品类、化妆品类等；化妆品按用途还可以继续划分为护肤品、美容美发用品等。

以商品的用途为分类标志，便于分析和比较相同用途的各种商品的质量水平、产销情况、性能特点和效用，有利于促使生产者改进和提高商品质量、开发商品新品种，生产适销对路的商品，并且能够方便消费者对比选购，有利于生产、销售和消费环节的有机衔接。但对贮运部门和有多用途的商品不适宜采用此分类标志。

2. 以原材料为分类标志

商品的原材料是决定商品质量、使用性能、特征的重要因素之一。原材料的种类和质量不同,因而成分、性质、结构不同,使商品具有截然不同的特征。选择以原材料为标志的分类方法是商品分类的重要方法之一。例如,纺织品按原材料不同可分为棉织品、毛织品、麻织品、丝织品、化学纤维织品、金属原料织品等;鞋类商品按原材料不同可分为布鞋、皮鞋、塑料鞋、人造皮革鞋等;食品按原材料来源可划分为植物性食品、动物性食品和矿物性食品等。

以原材料为分类标志,不仅使商品分类清楚,而且能从本质上反映出每类商品的性能、特点、使用及保管要求,为确定销售、运输、储存条件提供了依据,有利于保证商品流通中的质量。特别是对那些原材料替代种类多,且原材料对性能影响较大的商品比较适用。但对那些由两种以上原材料所构成的商品,采用此标志进行分类会产生一定困难,如各种家用电器和汽车等工业品。

3. 以商品的加工方法为分类标志

很多商品是用同一种原材料制造的,但是因为选用了不同的加工方法,最后形成质量特征截然不同的商品种类。由此可见,生产加工方法也是商品分类的重要标志。这种分类标志,对那些可以选用多种加工方法,且质量特征受加工工艺影响较大的商品最为适用。例如,按加工方法区别,茶叶有全发酵茶、半发酵茶、不发酵茶和后发酵茶;酒则有配制酒、蒸馏酒和发酵酒;纺织品包括机织品、针织品、钩编织品、编结制品和无纺布;烟叶有烤烟、晒烟、晾烟和晒晾烟。

因为生产方法、工艺不同,突出了商品的个性,有利于销售和工艺的革新。需要注意的是,对于那些虽然生产加工方法有差别,但商品性能、特征没实质性区别的商品不宜采用此种标志来分类,如平板玻璃。

4. 以商品的主要成分或特殊成分为分类标志

商品的很多性能取决于它的化学成分。很多情况下,商品的主要成分是决定其性能、质量、用途或储运条件的重要因素。对这些商品进行分类时,应以主要成分为分类标志。例如,化肥可分为氮肥、磷肥、钾肥等。

有些商品的主要化学成分虽然相同,但是所含的特殊成分不同,可形成性质和用途完全不同的商品,对这类商品分类时,可以其中的特殊成分为分类标志。例如,玻璃的主要成分是二氧化硅,但根据其中一些特殊成分,可将玻璃分为钠玻璃、钾玻璃、铅玻璃、硼硅玻璃等;合金钢的主要成分为铁,但由于合金元素种类不同,使之用途、性质不同。

以主要成分或特殊成分作为分类标志,便于研究和了解商品的质量、特性、用途、效用、包装、运输、使用方法、储存条件和养护等问题。适用于对化学成分已知,且成分对质量特性影响较大的商品。但对于化学成分结构复杂,或容易发生变化,或区别不明显、成分不清楚的商品,不适宜采用这种分类标志。

5. 其他分类标志

常用作进一步分类的商品分类标志有很多,如管理权限、商品质量、市场范围、产地、外观特性等。随着社会的发展,人们越来越意识到健康、环保以及社会和谐的重要性。因此,纺织品被分为生态纺织品和非生态纺织品;食品被区分为无公害食品、绿色食品和有机食品;茶叶等质量受地域性条件影响很明显的名特产品可分为一般产品和地理标志产品等。

三、商品分类体系

(一) 商品分类体系的概念

在商品分类中,选定一个主要标志,将商品分成大类,然后再依不同情况,选择适宜的标志将商品依次划分为中类、小类以及细目等,这样形成的互相联系、互相制约的整体,就是商品分类体系。

商品分类体系是指根据特定的分类目的,通过商品分类、赋予商品代码和编制商品目录等工作后,所形成的相互联系、相互制约的商品品种的集合,也可以说成是详细的商品目录。建立科学实用的商品分类体系,是进行商品分类的最终目的。商品生产、流通、贸易统计和信息交流都是依据具体的商品分类体系来进行的。不同的目的和要求,将会形成不同的商品分类体系。

(二) 建立商品分类体系的原则

要使商品分类体系满足科学研究和生产实践的需要,就必须遵循下列建立商品分类体系的基本原则。

1. 科学性原则

必须明确要分类的商品所包括的范围,这样进行的商品分类才能符合客观实际;同时商品的命名要统一、科学、准确;分类层次的划分要客观、合理,关键在于选择的分类依据应该是分类对象最稳定的本质特征或属性,这样才能经得起时间的考验。

2. 系统性原则

将待分类对象按规定的分类原则选择合适的分类标志进行分类,形成一个由若干个相互联系、相互制约的子系统构成的大系统。每个分类对象在这个序列中都占有一个位置,并反映出它们彼此之间既有联系又有区别的关系。

3. 可扩性原则

商品分类要充分考虑到科技进步、新产品不断涌现的现实情况,在设置商品分类体系时,要留出足够的空位来安置新商品,从而使商品分类体系具有可扩性。

4. 兼容性原则

兼容性是指相关的各个分类体系之间应具有良好的对应与转换关系。建立新的分类体系时,要尽可能与原有的分类体系保持一定的连续性,使相应的分类体系之间相互衔接和协调,同时要考虑与国际统一的分类体系对应和协调,以利于推广使用、沟通和交流。

5. 实用性原则

商品分类要从有利于商品生产、销售、经营习惯的角度出发,最大限度地满足消费者的需要,并保持商品在分类上的科学性。

第二节 商品分类方法与商品目录

马克思关于社会总产品的分类方法,是按商品的使用价值进行抽象分类,即将商品划分为生活资料商品和生产资料商品两类。这种划分是相对的,有的商品既是生产资料,又是生活资料。例如,大豆如果作为种子进行生产,则属于生产资料;如果用于食物,则属于生活资料。以商品的某些共性为依据进行分类,是一种实用性很强的分类体系。

商品分类时通常采用的基本方法有线分类法和面分类法两种,在使用时应根据管理上的具体需要进行选择。由于商品复杂多样,在实践中通常采用以线分类法为主、面分类法为辅的有机结合分类方法。

一、线分类法

线分类法也称层级分类法,是将确定的商品集合总体按照一定的分类标志,逐次分成相应的若干个层级类目,并排列成一个有层次的、逐级展开的分类体系。一般表现形式为大类、中类、小类、细类等,将分类对象一层层地进行具体划分,各层级所选用的分类标志不同,各个类目之间构成并列或隶属关系。

线分类法属传统的分类方法,使用范围最广泛,在国际贸易和我国商品流通领域中,许多商品分类均采用线分类法。线分类法的主要优点是信息容量大,层次性好,逻辑性强,符合传统的应用习惯,既对手工处理有良好的适应性,又便于进行计算机处理,其最大的缺点是结构柔性差。所以采用线分类法编制商品分类目录时,必须预先留有足够的后备容量。例如,纺织纤维常按线分类法进行分类,具体分类见表 4-2。

表 4-2 纺织纤维按线分类法分类表

大 类	中 类	小 类	细 类
纺织纤维	天然纤维	植物纤维	棉花、麻类等
		动物纤维	羊毛、蚕丝等

(续表)

大　类	中　类	小　类	细　类
纺织纤维	化学纤维	人造纤维	枯胶纤维、醋酸纤维等
		合成纤维	锦纶、涤纶、腈纶、维纶、丙纶等

在线分类法中,由一个类目直接划分出来的下一级各类目之间存在着并列关系,不重复,不交叉。在线分类体系中,一个类目相对于由它直接划分出来的下一级的类目而言,称为上位类,也叫母项;由上位类直接划分出来的下一层级类目,相对于上位类而言,称为下位类,也叫子项。上位类与下位类之间存在着隶属关系,下位类从属于上位类。在选用线分类法时,一般应遵循下列原则:

(1) 在线分类中,由某一上位类划分出的下位类类目总范围应与上位类类目范围相同;

(2) 当某一个上位类类目划分成若干个下位类类目时,应选择一个划分基准;

(3) 同位类类目之间不交叉、不重复,并只对应于一个上位类;

(4) 分类要依层进行,不应有空层或加层。

二、面分类法

面分类法又称平行分类法,是将分类的商品集合总体按不同的分类标志划分成相互之间没有隶属关系的各个分类集合(面),每个分类集合(面)中都包含了一组类目。将某个分类集合(面)中的一种类目与另一个分类集合(面)中的一种类目组配在一起,即形成一个新的复合类目。

例如,服装的分类就是按照面分类法组配的,把服装用的面料、式样和款式分为三个互相之间没有隶属关系的"面",每个"面"又分成若干个类目,标出了不同范畴的独立类目。使用时,将有关类目组配起来,便成为一个复合类目,如纯毛男式西装、蚕丝女式连衣裙等,见表 4-3。

表 4-3　服装按面分类法分类表

面　料	式　样	款　式	任意组合
纯　棉	男　士	西　装	涤棉女士休闲装
纯　毛	女　士	休闲装	纯毛男式西装
蚕　丝	儿　童	夹克衫	蚕丝女士连衣裙
涤　棉	婴　儿	连衣裙	纯棉婴儿连衣裤
化　纤	中老年	连衣裤	化纤男士夹克衫
……	……	……	……

面分类法具有结构柔性好、对机器处理有良好的适应性等优点,但不能充分利用容量,组配的结构太复杂,不便于手工处理,某些组配无实际意义。因此,通常将面分类法作为线分类法的辅助。在选用面分类法时,应遵循以下几个基本原则:

(1) 根据需要选择分类对象的本质属性或特征作为分类对象的各个"面";
(2) 不同"面"的类目不应相互交叉,也不能重复出现;
(3) 每个"面"有严格的固定位置;
(4) "面"的选择及位置的确定应根据实际需要而定。

三、商品目录

商品目录是指国家或部门根据商品分类的要求,对所经营管理的商品编制的总明细分类集。商品目录是以商品分类为依据,因此也称商品分类目录或商品分类集。商品目录是在商品逐级分类的基础上,用表格、符号和文字全面记录商品分类体系和编排顺序的书本式工具。

在编制商品目录时,国家或部门都是按照一定的目的,首先将商品按一定的标志进行定组分类,再逐次制定和编排。商品分类和商品目录是相辅相成的,商品分类是基础,商品目录是商品分类的具体体现,即没有商品分类就不可能有商品目录,只有在商品科学分类的基础上,才能编制层次分明、科学、系统、标准的商品目录。商品目录的编制是商品分类的具体体现,商品目录是实现商品管理科学化、现代化的前提,商品目录是商品生产、经营、管理、流通的重要手段。

从商品目录的内容结构分析,商品目录一般包括商品名称、商品代码、商品分类体系三个方面的信息;从商品目录的表现形式分析,商品目录是在商品分类和编码的基础上,用表格、文字、数码等全面记录和反映相关商品集合总体综合信息的文件。

四、商品目录的种类

商品目录的种类很多,例如,按商品用途编制的商品目录有食品商品目录、纺织品商品目录、交电商品目录、化工原料商品目录等;按管理权限编制的商品目录有一类商品目录、二类商品目录、三类商品目录等;按适用范围编制的商品目录有国际商品目录、国家商品目录、部门商品目录、企业商品目录等。以下按适用范围对商品目录进行简单介绍。

(一) 国际商品目录

国际商品目录是指由国际上有权威的各国际组织或地区性集团编制的商品目录,如联合国编制的《国际贸易标准分类目录》、国际关税合作委员会编制的《商品、关税率分类目录》、海关合作理事会编制的《海关合作理事会商品分类目录》和《商品分类及编码协调制度》等。

(二) 国家商品目录

国家商品目录是指由国家指定专门机构编制,在国民经济各部门、各地区进行计划、统计、财务、税收、物价、核算等工作时必须一致遵守的全国性统一商品目录,如由国务院批准、原国家标准局发布的《全国工农业产品(商品、物资)分类与代码》、美国的《国家物质代码》、日本的《商品分类编码》等。

(三) 部门商品目录

部门商品目录是指由行业主管部门,即国务院直属各部委或局,根据本部门业务工作需要所编制并发布的仅在本部门、本行业统一使用的商品目录,如国家统计局编制发布的《综合统计商品目录》、对外经济贸易部编制的《对外贸易进出口业务统一商品目录》、进出口商品检验局编制的《商检机构实施检验的进出口商品种类表》、原商业部编制发布的《商业行业商品分类与代码》等。部门商品目录的编制原则应与国家商品目录保持一致。

(四) 企业商品目录

企业商品目录是指由企业在兼顾国家和部门商品目录分类原则的基础上,为充分满足本企业工作需要,而对本企业生产或经营的商品所编制的商品目录。企业商品目录的编制,必须符合国家和部门商品目录的分类原则,并在此基础上结合本企业的业务需要,进行适当的归并、细分和补充。例如,《营业柜组经营商品目录》《仓库保管商品经营目录》等,都具有分类类别少、对品种划分更详细的特点。

第三节 商品编码

一、商品编码的概念与作用

(一) 商品编码的概念

商品编码是指用一组有序的代表符号来标识分类体系中不同类目商品的工作过程,即赋予某种或某类商品的一个或一组有序的符号排列,是便于人和计算机识别与处理的代表符号,编码中所使用的标识性代表符号即商品代码。代表符号可以由数字、字母和特殊标记组成。

商品编码是在商品分类的基础上,对各类、各种商品都赋予一定规律性商品代码的过程。商品编码通常是商品目录的组成部分,商品分类与代码共同构成了商品目录的完整内容。

(二) 商品编码的作用

商品经过编码以后,在管理上具有以下作用:

(1) 可以使商品便于识别和记忆，有利于商品分类体系的通用化、标准化；
(2) 可以增加商品资料的正确性，提高商品储存活动的工作效率；
(3) 可以利用电脑整理、分析数据，节省人力、减少开支、降低成本；
(4) 可提供储存或拣取商品的核对，便于拣货及送货；
(5) 因统一编码，可以防止重复订购相同的商品，并能够消减存货；
(6) 可以考虑选择作业的优选性，并达到商品先进先出的目的。

二、商品编码的原则

（一）唯一性原则

唯一性原则是商品编码的基本原则，也是最重要的一项原则。在商业 POS 自动结算销售系统中，不同商品是靠不同的代码来识别的。如果把两种不同的商品用同一代码来标识，违反唯一性原则，会导致商品管理信息系统的混乱，甚至给销售商或消费者造成经济损失。

1. 对同一商品项目的商品必须分配相同的商品标识代码

基本特征相同的商品视为同一商品项目，基本特征不同的商品视为不同的商品项目。标准规定商品的基本特征主要包括商品名称、商标、种类、规格、数量、包装类型等。但需要说明的是，不同行业的商品，其基本特征往往不尽相同，且不同的单个企业，还可根据自身的管理需求，设置不同的基本特征项。

例如，服装行业可以把服装的基本特征归纳为品种、款型、面料、颜色、规格等几项；而单个服装企业在确定究竟依据哪些基本特征项来为服装产品分配商品标识代码时，还可根据自身管理需求的特点，在此基础上增加附加特征项或做适当的修改，如增加"商标"为基本特征项，或只将品种、款型、面料作为基本属性，而不必考虑颜色、规格项。再比如，药品类商品的基本特征可归纳为商标、品种、规格、包装规格、剂型、生产标准等几项。

应特别注意，商品的基本特征项是划分商品所属类别的关键因素，往往对商品的定价起主导作用，因此它不同于为商品流通跟踪所设置的附加信息项，如净重、面积、体积、生产日期、批号、保质期等。这些附加信息项与商品相关联，必须与商品标识代码一起出现才有意义。

2. 对不同商品项目的商品必须分配不同的商品标识代码

商品的基本特征一旦确定，只要商品的一项基本特征发生变化，就必须分配一个不同的商品标识代码。例如，某个服装企业将商标、品种、款型、面料、颜色作为服装的五个基本特征项，那么只要这五个基本特征项中的一项发生变化，就必须分配不同的商品标识代码来标识商品。

（二）无含义性原则

无含义性原则是指商品标识代码中的每一位数字既与商品本身的基本特征无

关,又与厂商性质、所在地域、生产规模等信息无关,商品标识代码与商品是一种人为的捆绑关系。这样有利于充分利用一个国家(或地区)的厂商代码空间。厂商在申请厂商代码后编制商品项目代码时,最好使用无含义的流水号,即连续号,这样在自己的厂商代码下能够最大限度地利用商品项目代码的编码容量。

(三) 稳定性原则

稳定性原则是指商品标识代码一旦分配,若商品的基本特征没有发生变化,就应保持标识代码不变。这样有利于生产和流通各环节的管理信息系统数据保持一定的连续性和稳定性。一般情况下,当商品项目的基本特征发生了明显的、重大的变化,就必须分配一个新的商品标识代码。不过,在某些行业,如医药保健业,只要商品的成分有较小的变化,就必须为其分配不同的代码。

总之,原则上是尽可能地减少商品标识代码的变更,保持其稳定性,否则将导致很多不必要的繁重劳动,如设计、打印并粘贴条码标签、修改系统记录数据等。如果不清楚商品的变化是否需要变更代码,可从以下几个角度考虑:一是商品的新变体是否取代原商品;二是商品的轻微变化对销售的影响是否明显;三是是否因促销活动而将商品做暂时性的变动;四是包装的总重量是否有变化。

三、商品编码的方法

(一) 层次编码法

层次编码法是按商品类目在分类体系中的层级顺序,依次赋予对应的数字代码,层次编码结构如图4-1所示。层次编码法主要用于线分类体系。图4-1中的符号"×"表示从左至右的代码,第一位表示第一层级的类目,第二位表示第二层级的类目,以此类推。因此,代码的结构清晰地反映分类层级间的逻辑关系。也有的用第一、二位代表第一层级,第三、四位代表第二层级,以此类推。

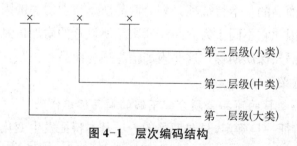

图 4-1 层次编码结构

国家标准 GB/T 7635.1—2002《全国主要产品分类与代码》就是采用层次编码法,整个编码结构分为四层,由8位数字代码组成;其中,第一、二位数字为第一层级(代表大类),第三、四位数字为第二层级(代表中类),第五、六位数字为第三层级(代表小类),第七、八位数字为第四层级(代表品种或组类)。

层次编码法的优点是代码较简单，逻辑性较强，信息容量大，能明确地反映出分类编码对象的属性或特征及其相互关系，便于计算机汇总数据。层次编码法的缺点是弹性较差，为延长其使用寿命，往往要用延长代码长度的办法，预先留出相当数量的备用号，从而造成号码的冗余。所以，这种编码方法最适用于编码对象变化不大的情况。

（二）平行编码法

平行编码法也称特征组合编码法，是指将编码对象按其属性或特征分为若干个面，每一个面内的编码对象按其规律分别确定一定位数的数字代码，面与面之间的代码没有层次关系或者隶属关系，最后根据需要选用各个面中的代码，并按预先确定的面的排列顺序组合成复合代码的一种编码方法。这种编码方法多应用于面分类法。

平行编码法的优点是编码结构有较好的弹性，可以比较简单地增加分类编码面的数目，必要时还可更换个别的面。平行编码法的缺点是编码容量利用率比较低，因为并非所有可组配的复合代码都有实际意义。

（三）顺序编码法

顺序编码法是指按商品类目在商品体系中出现的先后次序，依次给予顺序代码的方法。一般用于容量不大的编码对象集合体。在编码时，应留有一定的空码，以便增加新的类目。

（四）混合编码法

混合编码法是层次编码法和平行编码法的合成。在实践中，编码法和分类法一样，一般不单独使用。当把分类对象的各种属性和特征分别列出来后，其某些属性和特征用层次编码法表示，其余属性或特征用平行编码法表示。

四、商品条码的概念及类型

商品条码是由一组宽窄不同、黑白或彩色相间的平行线及其对应的字符，依照一定的规则排列组合而形成的条空数字图形。在国家标准中，商品条码被定义为用于标识国际通用的商品代码的一种模块组合型条码。

商品条码也是一种商品代表符号，但不能将其简单地归类于商品代码，它是用光电扫描阅读设备识读并实现数据输入计算机的一种特殊代码。条码技术已经得到普遍推广，并加快了商品的流通速度。商品条码的代码是按照国际物品编码协会(EAN)统一规定的规则编制的，分为标准版和缩短版两种。标准版商品条码的代码由 13 位阿拉伯数字组成，简称 EAN 13 条码。缩短版商品条码的代码由 8 位阿拉伯数字组成，简称 EAN 8 条码。EAN 13 条码和 EAN 8 条码的前 3 位数字叫"前缀码"，是用于标识 EAN 成员的代码，由 EAN 统一管理和分配，不同的国家或地区有不同的前缀码。

(一) EAN-13 代码

EAN 13 条码,由 13 位数字组成,包括左侧空白区、起始符、左侧数据符、中间分隔符、右侧数据符、校验符、终止符、右侧空白区及供人识别字符,如图 4-2 所示。

图 4-2　EAN13 条码符号结构

1. 前缀码

前缀码由 2~3 位数字($X_{13}X_{12}$ 或 $X_{13}X_{12}X_{11}$)组成,是 EAN 分配给国家(或地区)编码组织的代码。前缀码由 EAN 统一分配和管理,EAN 前缀码的分配见表 4-4。

表 4-4　EAN 前缀码的分配表

前缀码	编码组织所在国家或地区	前缀码	编码组织所在国家或地区	前缀码	编码组织所在国家或地区
000—139	美国,加拿大	475	拉脱维亚	520	希腊
200—299	店内码	476	阿塞拜疆	528	黎巴嫩
300—379	法国	477	立陶宛	529	塞浦路斯
380	保加利亚	478	乌兹别克斯坦	531	马其顿
383	斯洛文尼亚	479	斯里兰卡	535	马耳他
385	克罗地亚	480	菲律宾	539	爱尔兰
387	波黑	481	白俄罗斯	540—549	比利时,卢森堡
400—440	德国	482	乌克兰	560	葡萄牙
450—459	日本	484	摩尔多瓦	569	冰岛
490—499	日本	485	亚美尼亚	570—579	丹麦
460—469	俄罗斯联邦	486	格鲁吉亚	590	波兰
470	吉尔吉斯斯坦	487	哈萨克斯坦	594	罗马尼亚
471	中国台湾	489	中国香港特别行政区	599	匈牙利
474	爱沙尼亚	500—509	英国	600—601	南非

(续表)

前缀码	编码组织所在国家或地区	前缀码	编码组织所在国家或地区	前缀码	编码组织所在国家或地区
608	巴林	744	哥斯达黎加	880	韩国
609	毛里求斯	745	巴拿马	884	柬埔寨
611	摩洛哥	746	多米尼加	885	泰国
613	阿尔及利亚	750	墨西哥	888	新加坡
616	肯尼亚	759	委内瑞拉	890	印度
619	突尼斯	760—769	瑞士	893	越南
621	叙利亚	770	哥伦比亚	899	印度尼西亚
622	埃及	773	乌拉圭	900—919	奥地利
624	利比亚	775	秘鲁	930—939	澳大利亚
625	约旦	777	玻利维亚	940—949	新西兰
626	伊朗	779	阿根廷	955	马来西亚
627	科威特	780	智利	958	中国澳门特别行政区
628	沙特阿拉伯	784	巴拉圭		
629	阿拉伯联合酋长国	786	厄瓜多尔		
640—649	芬兰	789—790	巴西		
690—695	中国	800—839	意大利		
700—709	挪威	840—849	西班牙		
729	以色列	850	古巴		
730—739	瑞典	858	斯洛伐克		
740	危地马拉	859	捷克		
741	萨尔瓦多	867	朝鲜		
742	洪都拉斯	869	土耳其		
743	尼加拉瓜	870—879	荷兰		

2. 厂商识别代码

厂商识别代码用来在全球范围内唯一标识厂商,其中包含前缀码。厂商识别代码由 7～9 位数字组成,由中国物品编码中心负责注册分配和管理。根据《商品条码管理办法》,具有企业法人营业执照和相关合法经营资质证明的厂商可以申请注册厂商识别代码。任何厂商不得盗用其他厂商的厂商识别代码,不得共享和转让,更不得伪造代码。当厂商生产的商品品种很多,超过了"商品项目代码"的编码容量时,允许厂商申请注册一个以上的厂商识别代码。

3. 商品项目代码

商品项目代码由 3～5 位数字组成，由获得厂商识别代码的厂商自己负责编制。厂商识别代码具有全球唯一性，因此，在使用同一厂商识别代码的前提下，厂商必须确保每个商品项目代码的唯一性，这样才能保证每种商品的项目代码的全球唯一性，即符合商品条码编码的"唯一性原则"。不难看出，由 3 位数字组成的商品项目代码有 000～999 共 1 000 个编码容量，可标识 1 000 种商品；同理，由 4 位数字组成的商品项目代码可标识 10 000 种商品；由 5 位数字组成的商品项目代码可标识 100 000 种商品。

4. 校验码

商品条码是商品标识代码的载体，由于条码的设计、印刷的缺陷，以及识读时光电转换环节存在一定程度的误差，为了保证条码识读设备在读取商品条码时的可靠性，我们在商品标识代码和商品条码中设置校验码。

校验码为 1 位数字，用来校验编码 X_{13}～X_2 的正确性。校验码是根据 X_{13}～X_2 的数值按一定的数学算法计算而得。校验码的计算步骤如下：

步骤 1：包括校验码在内，由右至左编制代码位置序号（校验码的代码位置序号为 1）；

步骤 2：从代码位置序号 2 开始，所有偶数位的数字代码求和；

步骤 3：将步骤 2 的和乘以 3；

步骤 4：从代码位置序号 3 开始，所有奇数位的数字代码求和；

步骤 5：将步骤 3 与步骤 4 的结果相加；

步骤 6：用大于或等于步骤 5 所得结果且为 10 的最小整数倍的数减去步骤 5 所得结果，其差即为所求校验码的值。

厂商在对商品项目编码时，不必计算校验码的值，该值由制作条码原版胶片或直接打印条码符号的设备自动生成。表 4-5 为代码 690123456789X_1 校验码的计算。

表 4-5　代码 690123456789X_1 校验码的计算

步　　骤	举　例　说　明
1. 自右向左顺序编号	位置序号　13　12　11　10　9　8　7　6　5　4　3　2　1 代　　码　　6　　9　　0　　1　　2　3　4　5　6　7　8　9　X_1
2. 从序号 2 开始求出偶数位上数字之和　　①	9+7+5+3+1+9=34　　　　　　　　　　　　　　①
3. ①×3=34×3=102　　②	
4. 从序号 3 开始求出奇数位上数字之和　　③	8+6+4+2+0+6=26　　　　　　　　　　　　　　③

(续表)

步　　骤	举　例　说　明
5. ②+③=102+26=128　　　④	
6. 用大于或等于结果④且为 10 最小整数倍的数减去④,其差即为所求校验码的值	130－128=2 校验码 X_1=2

(二) EAN-8 代码

EAN-8 代码是 EAN-13 代码的一种补充,用于标识小型商品。EAN-8 条码是表示商品标识代码的条码符号,由 8 位数字组成,没有厂商识别代码,其结构见表 4-6。前缀码与校验码的含义与 EAN-13 相同。计算校验码时只需在 EAN-8 条码前添加 5 个"0",然后按照 EAN-13 条码中的校验位计算即可。可以看出,EAN-8 条码中用于标识商品项目的编码容量要远远少于 EAN-13 条码。以前缀码 690 的商品标识代码为例,就 EAN-8 条码来说,除校验位外,只剩下 4 位可用于商品的编码,即仅可标识 10 000 种商品项目;而在 EAN13 条码中,除厂商识别代码、校验位外,还剩 5 位可用于商品编码,即可标识 100 000 种商品项目。可见,EAN-8 条码用于商品编码的容量很有限,应慎用。

表 4-6　EAN-8 条码结构

商品标识代码	校　验　码
$X_8 X_7 X_6 X_5 X_4 X_3 X_2$	X_1

商品项目识别代码由国家(或地区)编码组织统一分配管理。在我国由中国物品编码中心依据《商品条码管理办法》的相关规定,对 EAN-8 条码统一分配,以确保标识代码在全球范围内的唯一性,厂商不得自行分配。

EAN-8 条码的使用是有限制的,根据 GB 12904-2008《商品条码　零售商品编码与条码表示》中的规定,商品条码印刷面积超过商品包装表面面积或者标签可印刷面积四分之一的,系统成员可以申请使用缩短版商品条码。申请 EAN-8 条码时,企业应首先或同时办理注册 EAN-13 厂商识别代码。

(三) UPC-A 条码

UCC-12 代码可以用 UPC-A 条码和 UPC-E 条码的符号表示。UPC-A 条码是 UCC-12 代码的条码符号表示,UPC-E 条码则是在特定条件下将 12 位的 UCC-12 代码消"0"后得到的 8 位代码的 UCC-12 符号表示。

需要指出的是,通常情况下,不选用 UPC 条码。当产品出口到北美地区并且客户指定时,才申请使用 UPC 条码。中国厂商如需申请 UPC 条码,须经中国物品编码中心统一办理。UPC-A 条码所表示的 UCC-12 代码由 12 位(最左边加 0 可视为 13 位)数字组成。商品项目代码由厂商进行编码,代码由 1~5 位数字组成,编码方法与 EAN-13 代码相同。厂商识别代码是美国统一代码委员会 UCC 分配给厂商的代码,由左起 6~10 位数字组成,其中,X_{12} 为系统字符,其应用规则见表 4-7。UCC 最初只分配 6 位定长的厂商识别代码,后来为了充分利用编码容量,于 2000 年开始,根据厂商对未来商品种类的预测,分配 6~10 位可变长度的厂商识别代码。校验码为 1 位数字,在 UCC-12 代码最左边加 0 即视为 13 位代码,计算方法与 EAN/UCC-13 代码相同。

表 4-7 厂商识别代码应用规则

系统字符	应用范围
0,6,7	一般商品
2	商品变量单元
3	药品及医疗用品
4	零售商店内的条码
5	优惠券
1,8,9	保留

此外还有 UPC-E 条码,它所表示的是 UCC-12 代码由 8 位数字(X_8~X_1)组成,是将系统字符为"0"的 UCC-12 代码进行消零压缩所得。

(四) 店内条码

店内条码是商店为便于店内商品的管理而对商品自行编制的临时性代码及条码标识。

店内条码的使用大致有两种情况,一种是用于商品变量消费单元的标识,如鲜肉、水果、蔬菜、熟食等散装商品是按基本计量单位计价,以随机数量销售,其编码任务不宜由厂家承担,只能由零售商完成。零售商进货后,要根据顾客不同需要重新分装商品,用专有设备(如具有店内条码打印功能的智能电子秤)对商品称重并自动编码,制成店内条码标签,然后将其粘贴或悬挂到商品外包装上。另一种是用于商品定量消费单元的标识,这类规则包装商品是按商品件数计价销售的,应由生产厂家编印条码,但因厂家对其生产的商品未申请使用商品条码或厂家印制的商品条码质量不高而无法识读,为便于商店 POS 系统的扫描结算,商店必须自己制作店内条码并将其粘贴或悬挂在商品外包装上。

名词解释:

商品分类、商品分类体系、线分类法、面分类法、商品目录、商品编码、商品条码

思考题：

1. 简述选择商品分类标志的基本原则。
2. 简述线分类法与面分类法的优缺点。
3. 为什么要进行商品分类？
4. 建立商品分类体系有哪些原则？
5. 简述商品分类与商品管理的关系。
6. 根据某一商品分类标志进行商品分类。
7. 简述商品编码常用的方法以及商品编码的原则。
8. 比较分析层次编码法与平行编码法的不同。
9. 如何区分标准版与缩短版的商品条码？
10. 举例说明商品的科学分类如何方便消费者进行商品选购。
11. 举例阐述为什么商品编码具有唯一性。这一特性是如何体现的？
12. 试述EAN-13条码编制的过程以及注意事项。

第五章
商品标准

引导案例

　　福特汽车公司是世界最大的汽车企业之一,亨利·福特创建的世界上第一条流水生产线,不仅创造出完善的装配线和统一精确的通用零部件,还创造出一种高效率、高效益的大规模生产方式。流水线生产是指劳动对象按一定的工艺路线和统一的生产速度,连续不断地通过各工作地,顺次进行加工并生产产品(零件)的一种生产组织形式。1913年10月7日,福特汽车公司创立了汽车装配流水线,设立了第一条总装线,几乎使装配速度提高了8倍,第一次实现每10秒钟诞生一部汽车的神话。这种新方法对世界各地的制造业产生了极大的影响。而这种先进的生产工艺却是源于屠宰场的生产过程。

　　在20世纪初,屠宰场就已经采用了这种顺次进行加工并生产的装配线,福特把这个过程倒过来使用,看是否能加快汽车引擎中磁电机的生产速度。不是让每个工人组装一台完整的磁电机,而是将磁电机的一个部件放在传送带上,在它经过时,每个工人都装配一个部件。1913年福特将此方法贯彻于汽车装配的全过程,福特把装配汽车的零件装在敞口箱里,放在输送带上,送到技工面前,工人只需站在输送带两边,节省了来往取零件的时间;而且装配底盘时,让工人拖着底盘通过预先排列好的一堆零件,负责装配的工人只需安装,这样装配速度自然加快了。不久之后,福特就在一年之中生产出了几十万辆汽车。这个新的系统既有效又经济,结果汽车的价格降至每辆260美元,使得此前一直买不起汽车的人都能负担得起。福特的管理体制不仅使自身公司受益,对后续一系列的公司和企业也都产生了很大的影响。

　　流水线生产方式的出现,使每一个生产岗位更加标准化和具有通用性。标准化是组织现代化生产的重要手段和必要条件,是合理发展产品品种、组织专业化生产的前提,也是企业实现科学管理和现代化管理的基础,本章重点介绍商品标准相关内容。

　　(资料来源:news.sina.com.cn/w/2003-06-17/1723228703s.shtml)

第一节　商品标准及分类

商品标准是对商品质量好坏的评价指标,商品标准的制定关系到商品生产者的生产标准,也关系到消费者对购买商品的判断标准。正确、科学、合理的商品标准有利于商品市场竞争,国际化商品标准更是商品进入国际市场必须遵守的质量要求。

一、商品标准的概念

(一) 标准

标准是用来衡量事物的典范和准则,标准是对需要统一协调的事物所做的统一规定。标准是人类由自然人进入社会共同生活实践的必然产物,任何标准都是为了适应科学、技术、社会、经济等客观因素发展变化的需要而产生的。客观因素总是处于不断变动之中,因此,某一项标准所涉及的范围及其深度和广度,总是处于发展之中。我国国家标准 GB/T 20000.1-2014《标准化工作指南 第 1 部分:标准化和相关活动的通用术语》对"标准"有明确的定义:标准是通过标准化活动,按照规定的程序经协商一致制定,为各种活动或其结果提供规则、指南或特性,供共同使用或重复使用的文件。

对标准定义的理解应注意把握以下几点:
(1) 标准的对象是需要协调统一的重复性事物和概念;
(2) 制定标准的依据是科学技术和实践经验的综合成果;
(3) 标准制定的程序要经有关方面充分协商;
(4) 标准文件有着自己的一套格式和制定发布的程序,具有一定的严肃性和规律性;
(5) 标准的本质特征是统一;
(6) 制定标准的出发点是建立最佳秩序和取得最佳效益。

(二) 商品标准

商品标准是标准的一种。商品标准是对商品质量和与质量有关的各个方面规定的准则,是商品生产、经营和消费者评定商品质量的共同依据。对具体的商品来说,商品标准是对商品的质量、品种、规格、技术性能、检验规则、试验方法、包装、运输、贮存等方面所做的技术规定,是设计、生产、检验商品质量的技术依据,是生产和流通领域中鉴定商品质量、评定商品等级的技术准则和客观依据。

商品标准对商品质量及与质量有关的各个方面都做了具体的规定。《中华人民共和国标准化法》规定,为了加强标准化工作,提升产品和服务质量,促进科学技术进步,保障人身健康和生命财产安全,维护国家安全、生态环境安全,提高经济社会发展水平,制定标准化。

商品标准是科学技术和生产力发展水平的一种标志,它是社会生产力发展到一定程度的产物,又是推动生产力发展的一种手段。凡正式生产的各类商品,都应制定或符合相应的商品标准。商品标准由主管部门批准、发布后,就是一种技术法规,具有法律效力,同时,也具有政策性、科学性、先进性、民主性和权威性。它是生产、流通、消费等部门对商品质量出现争议时执行仲裁的依据。

二、商品标准的分类

1. 按标准化的对象和作用分类

商品标准按其标准化的对象和作用,可分为基础标准、产品标准、方法标准、安全标准、卫生标准、环境保护标准等。

(1) 基础标准。基础标准是指在一定范围内作为其他标准的基础并普遍通用,具有广泛指导意义的标准。例如,名词、术语、符号、代号、标志、方法等标准,计量单位制、公差与配合、形状与位置公差、表面粗糙度、螺纹及齿轮模数标准,优先数系、基本参数系列、系列型谱等标准,图形符号和工程制图等标准,产品环境条件及可靠性要求等标准。

(2) 产品标准。产品标准是指为保证产品的适用性,对产品必须达到的某些或全部特性要求所制定的标准,包括品种、规格、技术要求、试验方法、检验规则、包装、标志、运输和贮存要求等标准。

(3) 方法标准。方法标准是指以试验、检查、分析、抽样、统计、计算、测定、作业等各种方法为对象而制定的标准。

(4) 安全标准。安全标准是指以保护人和物的安全为目的而制定的标准。

(5) 卫生标准。卫生标准是指为保护人的健康,对食品、医药及其他方面的卫生要求而制定的标准。

(6) 环境保护标准。环境保护标准是指为保护环境和有利于生态平衡对大气、水体、土壤、噪声、振动、电磁波等环境质量、污染管理、监测方法及其他事项而制定的标准。

2. 按商品标准的表达形式分类

商品标准按其表达形式,可分为文件标准和实物标准。文件标准是以文字(包括表格、图形等)的形式对商品质量所做的统一规定。绝大多数商品标准都是文件标准。文件标准在其开本、封面、格式、字体、字号等方面都有明确的规定,应符合有关规定。实物标准是用实物作为标准样品,对某些文字难以准确表达的质量要求(如色泽、气味、手感等),由标准化主管机构或指定部门用实物做成与文件标准规定的质量要求完全或部分相同的标准样品,作为文件标准的补充,同样是生产、检验等有关方面共同遵守的技术依据。例如,粮食、茶叶、羊毛、蚕茧等农副产品,都有分等级的实物标准。实物标准是文件标准的补充,实物标准要经常更新。

3. 按商品标准的约束程度分类

商品标准按其约束程度不同,可分为强制性标准和推荐性标准两类。强制性标准又称法规性标准,即一经批准发布,在其规定的范围内,有关方面都必须严格贯彻执行。国家对强制性标准的实施情况依法进行有效的监督。《标准化法》规定,保障人身健康,人身、财产安全的标准及法律和行政法规强制执行的标准,均属于强制性标准。推荐性标准又称自愿性标准,即国家制定的标准由各企业自愿采用、自愿认证,国家利用经济杠杆鼓励企业采用。实行市场经济的国家大多数实行推荐性标准,如国际标准及美国、日本等国的大多数标准。我国1985年开始实行强制性标准和推荐性标准相结合的标准体制。

4. 按商品标准的专业性质分类

商品标准按其专业性质,可分为技术标准、管理标准、工作标准和服务标准四大类。

(1) 技术标准。技术标准是指对标准化领域中需要协调统一的技术事项所制定的标准。它是从事生产、建设工作以及商品流通的一种共同技术依据。凡正式生产的工业产品、主要的农产品、各类工程建设、环境保护、安全和卫生条件以及其他应当统一的技术要求,都必须制定技术标准。

(2) 管理标准。管理标准是指对标准化领域中需要协调统一的科学管理方法和管理技术事项所制定的标准。

(3) 工作标准。工作标准是按工作岗位制定的有关工作质量的标准,是对工作的范围、构成、程序、要求、效果、检查方法等所做的规定,是具体指导某项工作或某个加工工序的工作规范和操作规程。

(4) 服务标准。服务标准是指规定服务应满足的要求以确保其适用性的标准。服务标准可以在诸如洗衣、租赁、交通运输、仓储、邮政、信息传输、批发、零售、住宿、餐饮、银行、保险、房地产、教育、卫生、文化、体育、娱乐、社会保障、居民服务、电力燃气和水的供应等领域内编制。

5. 按商品标准的完善程度分类

商品标准按其完善程度不同,可分为正式标准和试行标准。试行标准与正式标准具有同等效用,同样具有法律约束力。试行标准一般在试行二至三年后,经过讨论修订,再作为正式标准发布。现行标准绝大多数为正式标准。

三、商品标准的分级

标准按照其适用领域和有效范围不同,可分为不同的层次、级别。根据《标准化法》,我国标准划分为国家标准、行业标准、地方标准和企业标准四级。从世界范围来说,标准通常被划分为国际标准、区域标准、国家标准、行业或专业团体标准及公司(企业)标准五级。标准的分级是标准分类的一种特殊情况,但必须注意,标准级别的划分仅限于制定主体(特别是适用范围)的不同,而不是技术水平高低的分级。

(一) 国内标准的分级

1. 国家标准

国家标准是由国务院有关主管部门提出,由国家标准化主管机构审批和公布,在全国范围内实施的标准。国家标准的代号为"GB"(强制性标准)或"GB/T"(推荐性标准)后加两组数字组成,第一组数字表示标准的顺序编号,第二组数字表示标准批准或重新修订的年号。例如,GB 1350-1986,表示国家标准 1350 号 1986 年发布,为强制性标准。

国家标准是对需要在全国范围内统一的技术要求所制定的标准,凡是与人们生活关系密切、量大面广的重要工农业产品、全国通用零部件及产品、与国防建设有关的重要产品和对合理利用国家资源关系重大的产品都应制定国家标准。

2. 行业标准

行业标准是在没有国家标准的情况下,由标准化主管机构制定、审批和发布的标准。如发布实施了国家标准,则该行业标准自行废止。不同行业的主管机构所颁布的标准按标准规定的范围实施。

行业标准编号由行业标准代号、标准顺序号和发布的年号组成。行业标准代号由国务院标准化行政部门规定。例如,农业农村部颁布的农业标准代号为 NY(强制性标准)和 NY/T(推荐性标准)。

3. 地方标准

地方标准是在没有国家和行业标准的情况下,由地方(如省)制定、批准发布,在本行政区域内统一使用的标准。地方标准在相应的国家或行业标准实施后,自行废止。地方标准编号由地方标准代号、标准顺序号和发布年号组成。强制性地方标准代号由"DB"加省、自治区、直辖市、特别行政区代码前两位数字和"/"组成。推荐性地方标准代号由"DB"加省、自治区、直辖市、特别行政区代码前两位数字和"/T"组成。强制性地方标准编号的形式为 DB××/(强制性地方标准代号)×××(标准顺序号)-××××(发布年号)。推荐性地方标准编号的形式为 DB××/T(推荐性地方标准代号)×××(标准顺序号)-××××(发布年号)。

4. 企业标准

企业生产的产品没有国家标准、行业标准和地方标准的,应当制定相应的企业标准,作为组织生产的依据。已有国家标准、行业标准和地方标准的,国家鼓励企业制定严于国家标准、行业标准或者地方标准的企业标准,在企业内部适用。

企业标准是由企业制定发布,在该企业范围内统一使用的标准。其代号由"Q"加"/"再加上企业代号组成。

(二)国际标准与区域标准

1. 国际标准

国际标准是指由国际标准化组织(ISO)和国际电工委员会(IEC)制定的标准,以及经国际化标准组织认可,并收集到《国际标准题录索引》中加以公布的其他国际组织制定的标准。国际标准化组织认可的国际组织有国际计量局、国际合成纤维标准化局、食品法典委员会、关税合作理事会、国际电气设备合格认证委员会、国际照明委员会、国际无线电咨询委员会、国际原子能机构、国际劳工组织、国际海事组织、国际兽疫防治局、国际法制计量组织、国际葡萄酒局、联合国教科文组织、世界卫生组织、世界知识产权组织、联合国粮农组织、国际羊毛局等。

国际标准采用标准代号、标准顺序号及发布年号来表示:

ISO×××××-××××

IEC×××××-××××

在 ISO/IEC 中定义的标准可以是强制性的,也可以是自愿的。

2. 区域标准

区域标准是由世界某一区域性标准化组织制定的标准。区域标准的目的在于促进区域性标准组织成员进行贸易,便于该地区的技术合作和技术交流,协调该地区与国际标准化组织的关系。国际上较为重要的区域标准有欧洲标准化委员会(CEN)制定的欧洲标准(EN)、欧洲电工标准化委员会(CENELEC)制定的标准、亚洲标准咨询委员会(ASAC)制定的标准、泛美技术标准委员会(COPANT)制定的标准、非洲地区标准化组织(ARSO)制定的标准等。

第二节　商品标准的内容

一、商品标准的主要内容

商品标准的基本内容,大致可归纳为以下九个方面。

(一)封面和前言

1. 封面

每项商品标准均有封面。封面及首页上应列明的内容包括标准名称、标准编号、批准发布日期、实施(或试行)的日期等。以国家标准为例,封面的内容有"中华人民共和国国家标准"字样和标准的"GB"标志、标准的中文名称与英文名称、国际标准分类号(ICS号)、中国标准文献分类号、标准编号、代替标准编号、发布日期、实施日期、标准的发布部门等。若该标准有对应的国际标准,则在封面上应标明一致性程度的标识,一致性程度的标识由对应的国际标准编号、国际标准英文名称、一致性程度代号等内容组成。如果标准的英文名称与国际标准名称相同,则通常不标出国际标准名称。

2. 前言

每项商品标准均有前言,前言由特定部分和基本部分组成。在特定部分中,要说明标准代替或废除的全部或部分其他文件(标准);说明与标准前一版本相比的重大技术变化;说明标准与其他标准或文件的关系;说明标准中的附录哪些是规范性附录,哪些是资料性附录。在基本部分中,一般视情况依次给出以下信息:

(1) 标准的提出单位;

(2) 标准的批准部门(适用于非国务院标准化行政主管部门批准的国家标准);

(3) 标准归口管理的标准化组织;

(4) 标准的起草单位(需要时,可指明负责起草单位和参加起草单位);

(5) 标准的主要起草人;

(6) 标准所代替标准的历次版本发布情况等。

(二) 标准名称、范围和规范性引用文件

1. 标准名称

标准名称是必备要素,应简练、明确,置于范围之前。

2. 范围

范围一般位于标准正文的起始位置。范围的文字应简洁,可视为标准的内容提要。范围指明本标准的适用对象,即本标准适用于何种原料、何种工艺、做何用途的何种商品。例如,《精梳涤棉混纺印染布》(GB/T 5326-2009)对适用范围做了明确规定,本标准适用于鉴定衣着精梳涤纶短纤维与棉混纺的各类漂白、染色和印花布的品质。《鲜苹果》(GB/T 10651-2008)在适用范围中规定,本标准适用于收购元帅系(包括红星、红冠、新红星等)、国光、金冠、富士、青香蕉、红玉、倭锦、旭、印度青、祝光、伏花皮、秦冠、鸡冠等新鲜苹果,其他未列入的品种也可参照使用。

3. 规范性引用文件

规范性引用文件主要是指那些对于使用该标准来说必不可少的、相关的文件(主要是相关的标准)。其中,注日期的引用文件,都标明版本号或年号以及完整的名称;不注日期的引用文件,则不应标明版本号或年号。规范性引用文件通常以一览表的形式列在标准正文中,一览表中引用文件的排列顺序依次为:国家标准、行业标准、地方标准、国内有关文件、ISO标准、IEC标准、ISO或IEC有关文件、其他国际标准以及其他国际有关文件。

(三) 术语和定义、符号和缩略语

凡在国家基础标准中未做出统一规定的有关商品的定义、符号和缩略语,都应在本标准中做出规定。

(四) 分类、标记和编码

分类、标记和编码是为符合规定要求的商品建立一个分类、标记和(或)编码体系。它是商品标准的技术要素的重要组成部分。

商品的分类、标记和编码一般包括商品品种、型式(或型号)和规格的划分及其系列商品的代号、标记或编码。

(五) 要求

要求为可选要素,也是商品标准的技术要素的重要组成部分,过去常常称作商品的"技术要求"或"质量要求"。它是指导商品生产、流通、消费以及进行质量监督与质量检验和判定质量等级的主要技术依据。

作为商品标准和规范性技术要素的核心,"要求"应考虑商品(有形)与服务(无形)的区别,分成"商品要求"和"服务要求"分别阐述。

(六) 抽样

抽样为可选要素。当商品不宜进行逐个检验时,标准中可列入抽样要素。其内容包括抽样(取样、采样)的条件和方法,以及样品保存方法等技术性内容。抽样要素也可置于试验方法要素的起始位置。当商品标准不选择抽样作为标题时,各行业可根据需要选择"质量评定程序"或"检验规则"作为标题。质量评定程序或检验规则的内容包括检验分类、每类检验所包含的检验项目、组批规则、抽样方案、抽样或取样方法、判定规则及复验规则。

(七) 试验方法

试验方法通常给出与程序有关的所有细节,即测定特性值、检查是否符合要求以及保证结果的再现性。如果适合还应指明试验是型式(定型)试验、常规试验还是抽样试验等。

(八) 标志、标签和使用说明书

商品标准应根据国家标准 GB/T 1.1-2020、GB 5296.1-2012《消费品使用说明的总则》、GB 9969-2008《工业产品使用说明书总则》和其他有关包装标志的标准(GB 190-2009《危险货物包装标志》、GB 191-2008《包装储运图示标志》和 GB 6388-1986《运输包装收发货标志》等),来规定相应的标志、标签、使用说明书以及包装标志。

(九) 包装、运输和储存

当需要时,商品(产品)标准应规定商品(产品)的包装、运输和储存等内容。剧毒、危险、易碎、防潮、防磁、防辐射、防环境污染、不能倒置以及有其他类似要求的商品(产品),应对其包装、运输、储存要求做出相应的规定。

二、商品标准的制定原则

制定和修订商品标准,必须依据标准化原理和方法。在国家有关方针政策的指导下,提出明确的原则,以保证制定和修订的商品标准符合国家经济建设的需要。制定商品标准的基本出发点是建立最佳秩序和取得最佳经济效益,这也是制定商品标准的目的。

(一) 保护消费者的利益,保护环境

在制定药品标准、食品卫生标准、压力瓷器标准、电器商品、危险品包装运输标准时,必须把人身健康、卫生安全放在首位;制定生产工艺标准时,需考虑生产技术方法对环境的污染问题。

(二) 充分考虑使用要求

商品标准的制定应充分满足消费者对商品的质量要求。商品标准要为保证商品的适用性而对商品的质量特性应达到的要求做出规定。它是商品设计、生产和检验的技术依据。因此,在制定和修订商品标准时,首先要从社会需要出发,广泛听取生产者、用户(消费者)等方面的意见,考虑用户(消费者)的使用要求及实时要求的可能性,便于生产制造。

(三) 技术先进,经济合理

确定质量指标和检验方法应力求科学合理;各项指标的规定既不能过高,也不能过低;必须抓重点,分清主次;有利于商品通用互换;制定标准要推广先进技术成果,提高经济效益。

(四) 合理利用资源

密切结合自然条件,充分考虑节约原材料,合理利用国家资源,尽可能采用代用品和开发原材料。

(五) 协调统一,完整配套

一项商品标准的制定要和我国现行的国家法令、法规协调一致,同时也应与颁布的原材料、配套件、配套包装等标准协调一致。标准化是一项系统工程,商品质量标准要和与它密切相关的一系列标准相互配套,建立起完整的标准体系。

(六) 采用国际先进标准

积极采用国际先进标准,并充分考虑我国对外经济合作的需要。

(七) 掌握好制定(修订)标准的时机

对于商品标准,一般宜在定型、准备正式投产前进行制定。当商品标准的水平落后于当前科学技术水平,而企业的技术水平的标准所代表的技术水平高时,修订标准的时机也就成熟了。商品标准应当适时进行复审,以确认现行标准继续有效或者予以修订、废止。

三、商品标准制定的程序

商品标准由科学技术的成果转化而来,是生产、流通的重要技术法规。我国是在国家技术监督局的领导下,由全国专业标准化技术委员会或全国专业标准化对口单位负责标准的制定和修订工作。

一般来说,中国国家标准制定程序划分为九个阶段:预阶段、立项阶段、起草阶段、征求意见阶段、审查阶段、批准阶段、出版阶段、复审阶段、废止阶段。主要按以下要求进行:

(1) 确定项目。根据国民经济发展需要,确定要制定的项目,然后下达主承担单位。承担单位一般由具有一定技术水平和具有实际经验并了解全面情况的标准化人员及生产、使用、科研等各有关方面代表组成。

(2) 调查研究,收集资料。标准起草人员通过调查或其他途径,了解国外同类商品的生产水平、质量水平、研究成果、用户要求、发展方向,收集有关的技术数据和统计资料以及相应的国际标准和国外先进标准。

(3) 搞好科学研究和试验验证。在科学研究和试验验证的基础上,对各种数据和资料进行统计分析和结合研究,对有关技术规定进行验证,得到可靠数据和正确结构,在此基础上编写草案。

(4) 草拟标准,对草案征求意见,审查。

(5) 审批和发布。标准草案审查通过后,整理成报批稿,送主管部门审批后发布生效。

对下列情况,制定国家标准可以采用快速程序:

(1) 对等同采用、等效采用国际标准或国外先进标准的标准制定、修订项目,可直接由立项阶段进入征求意见阶段,省略起草阶段。

(2) 对现有国家标准的修订项目或中国其他各级标准的转化项目,可直接由立项阶段进入审查阶段,省略起草阶段和征求意见阶段。

第三节 商品标准化

一、商品标准化的概念

(一) 标准化

国际标准化组织关于标准化的定义是:标准化主要是对科学、技术与经济领域内重复应用的问题给出解决办法的活动,其目的在于获得最佳秩序。一般来说,包括制定、发布与实施标准的过程。我国国家标准也对标准化做了类似的定义:标准化是指为了在既定范围内获得最佳秩序,促进共同效益,对现实问题或潜在问题确立共同使用和重复使用的条款以及编制、发布和应用文件的活动。标准化活动所确立的条款可形成标准和其他标准化文件。需要注意以下几方面:

(1) 标准化实质上是一个制定、发布、实施和修改标准的活动过程,标准是标准化活动的中心。

(2) 标准化是一个相对的概念,"标准化"在程度上没有止境,无论是对一项标准或是整个标准系统而言,都是向更深的层次发展,不断提高,不断完善。

(3) 标准化涉及的领域非常广,除了生产、流通、消费等经济活动领域,还包括科学、技术、管理等社会实践领域。

(4) 标准化的目的是通过其活动使研究对象达到统一,并最终获得最佳秩序。所谓"最佳"无非是指通盘考虑了目前与长远、生产与消费等各方面因素所能取得的综合的最佳经济效益。所谓"秩序"是指有条不紊的生产秩序、技术秩序、经济秩序、管理秩序和安全秩序。

(二) 商品标准化

商品标准化是发展国民经济所必不可少的一项基础工作,是发展社会生产力,提高商品质量和全社会效益的重要工作。所谓商品标准化是指在商品生产和商品流通的各个环节中推行商品标准的活动。它是商品标准的制定、发布、贯彻实施和修订的整个动态实践的过程。

商品标准化包括名词术语统一化、商品质量统一化、商品零部件通用化、商品品种规格系列化、商品检验方法标准化、商品包装、储运、养护标准化和规范化等内容。由于商品标准化活动涉及面广,专业技术要求很高,政策性很强,因此必须遵循统一管理与分工管理相结合的标准化体制。建立一套完善的标准化机构和管理体系,调动各方面的积极性,搞好分工协作,吸取国外标准化的先进经验,才能顺利完成商品标准化工作的任务。

(三) 标准化的产生与发展

1. 标准化的产生

标准化最先表现为人类语言的标准化和生产工具的标准化。随着人类的进步、生产的发展,产生了商品交换。为适应商品交换的需要,计量器具便成为商品交换和商品分配的标尺,这实际上是应用了标准化。

我国标准化工作的历史,可追溯到公元前221年秦始皇统一六国,建立了我国第一个专制主义的中央集权的封建国家。当时施行统一法律、货币、车轨、度量衡和文字,这是最早的标准化工作。到汉朝、北宋时期,标准化已被广泛使用。

2. 标准化的发展

从世界范围看,标准化是伴随着社会化大生产的发展逐步发展起来的。社会化大生产的突出特点是规模大、分工细、协作广泛，为适应生产中相互联系、合作与协作的需要，必须采用一种技术手段使各独立的、分散的生产部门和企业之间保持必要的技术统一，建立稳定的生产协作与合作关系，使相互联系的生产过程形成一个有机的整体。标准化正是为建立这种关系而实施的技术手段。1845年，英国的瑟·韦特瓦尔提出了统一螺钉、螺帽尺寸的建议，从此标准化开始问世。

3. 现代标准化的发展阶段

19世纪末到20世纪初为现代标准化的初创阶段。1898年，美国成立了材料实验协会，开始了材料、建筑材料等方面的标准化工作。1901年，英国成立了世界上第一个国家标准团体，即英国标准协会。1906年，成立了世界上最早的国际性标准团体，即国际电工委员会(IEC)。这个时期的典型事例是"工序标准化"，即泰罗制，由美国工程师弗雷德里文·泰罗发明。"工序标准化"的做法是选择企业中最强壮、灵巧的人，用最快速度进行技术劳动操作，然后拍成电影；进行科学分工，去掉不必要的工作，研究出效率最高、最合理的操作方法，作为标准操作法，依此确定工人的劳动定额。

第一次世界大战以前为标准化在企业内部的推广时期，这个阶段的代表事件是福特汽车公司将"T型车"定义为标准产品，实行大量协作生产，实行零部件标准化。第二次世界大战结束到20世纪50年代为国家标准化阶段，1947年国际标准化组织(ISO)成立，目前世界上已有100多个国家和地区成立了国家和地区性标准机构。

随着全球经济、贸易一体化的发展和跨国公司的发展，国际标准化工作越来越被重视。由于生产过程系列化，标准化系统的形成已成为现代工业发展的迫切需求。现代标准化的特点是以系统优化为目标，应用数学方法和电子计算机进行最佳处理，建立起与经济、技术发展水平相适应的标准化体系。

20世纪50年代，我国在学习苏联模式的基础上，逐步建立了计划经济体制和国家管理上的中央集权制，与此相应，我国标准化工作也采用了中央政府集中制管理体制。政府对企业的生产进行管理和控制，组织制定所有国家标准、行业标准和地方标准并强制实施。1988年12月，《中华人民共和国标准化法》（简称《标准化法》）颁布。《标准化法》为当时我国的经济建设提供了标准化保障。标准化管理体制是标准化管理系统的核心。由于各国社会制度、经济体制、工业与科技发展水平不同，标准化管理体制也不同，基本上可以分为两类：一类是以官方行政机构管理为主，其特点是集中统一、法制性强；另一类是以民间标准化协会管理为主，政府给予一定的支持、授权或干预，其特点是分散为主或分散和集中结合、集中统一性差。我国标准化工作实行统一管理与分工负责相结合的管理体制。按照国务院授权，2001年，我国成立了隶属于国家质量监督检验检疫总局的国家标准化管理委员会，统管全国的标准化工作。

二、商品标准化的形式

所谓标准化的形式就是标准化内容的存在方式,也就是标准化过程的表现形态。标准化有多种形式,每种形式都表现出不同的标准化内容,针对不同的标准化任务,达到不同的目的。商品标准化的主要形式有简化、统一化、系列化、通用化、组合化等。

(一) 简化

简化是商品标准化的初级形式,也是实践中应用较广泛的一种形式。由于需求的增长、科学技术的进步以及企业之间的竞争,商品的种类、品种、规格等有急剧增多的趋势。简化是在一定范围内缩减商品(事物)的类型,使之在既定时间内满足一般需要的商品标准化形式。它是控制复杂性、防止多样性泛滥的一种手段。

在科学的基础上,通过合理的简化,去掉不必要的商品类型以及同类商品中多余的、重复的和低功能的商品品种,使商品的功能增加、性能提高、品种构成合理、趋于优化、形成系列,从而为新的商品类型、品种、规格的出现扫清障碍,为商品多样化的发展和满足社会的多样化需要创造条件。因此,简化一般是事后进行的,也就是在商品的多样化发展到一定规模以后,才对商品的类型加以缩减。简化是商品系统发展的外在动力,是对商品类型、品种进行有意控制的一种有效形式。

(二) 统一化

统一化是商品标准化活动中内容最广泛、开展最普遍的一种形式。统一化是把同类商品(事物)两种以上的表现形式归并为一种或限定在一定范围内的商品标准化形式。统一化的实质是使商品(事物)的形式、功能(效用)或其他技术特征具有一致性,并把这种一致性通过商品标准以量化的方式确定下来。统一化的目的是消除由于不必要的多样化而造成的混乱,为人类的正常活动建立共同遵循的秩序。

统一化与简化有密切联系,但也有区别,前者着眼于取得一致性,后者着眼于精炼。在现代社会里,统一化仍然发挥着重要作用。一个部门或一个企业也需要进行大量的统一化工作,如概念、符号、代号、术语、标志、商品质量、检验方法、操作规程、管理制度等。随着社会生产的日益发展,生产过程之间的联系日益复杂,尤其在国际交往日益扩大的情况下,需要统一的对象越来越多,统一的范围也越来越广。

(三) 系列化

系列化是对同一类商品中的一组商品进行标准化的一种形式,它是标准化的高级形式。通过对同一类商品发展规律的分析研究,对国内外供需发展趋势的预测,结合我国的生产技术条件,经过全面的技术经济比较,对商品的主要参数、型号、尺寸、基本结构等做出合理的安排与规划,以协调同类商品和配套商品之间的关系。因此,也可以说,系列化是使某一种商品系统结构优化、功能最佳化的标准化形式。商品系列化一般包括制定商品的基本参数、编制商品系列型谱和进行系列设计三个方面。

(四) 通用化

通用化是在相互独立的系统中,选择和确定具有功能互换性或尺寸互换性的子系统功能单元的一种标准化形式。提高商品的通用化水平,对防止不必要的多样化、增强企业竞争力、组织专业化生产、提高经济效益有明显作用。对于具有功能互换性的复杂商品来说,通用化的程度越高,生产机动性越大,对市场的适应性也越强。

通用化的一般方法是:在商品系列设计时全面分析商品的基本系列和变形系列中零部件的共性与个性,从中选择具有共性的零部件作为通用件或标准件;在单独设计某一商品时,尽量采用已有的通用件;新设计零部件时,充分考虑到能为以后的新商品所采用,逐步发展为通用件或标准件;对现有商品进行革新时,可根据生产、使用、维修过程中积累的经验,使可以通用的零部件经过分析、试验达到通用,这也是旧商品革新的一项内容。

(五) 组合化

组合化是按照标准化的原则,设计并制造出一系列通用性较强的单元(标准单元),根据需要组合成不同用途的商品的一种标准化形式。

组合化是根据系统的分解和组合原理,把一个具有某种功能的商品看作一个可分解为若干功能单元的系统。由于某些功能单元不仅具备特定的功能,而且可以与其他系统的某些功能单元通用、互换,于是这类功能可分离出来,以通用单元或标准单元的形式存在,这就是分解。为了实现某种新功能,把准备好的标准单元、通用单元和个别的专用单元按照新系统的要求有机地结合起来,组成具有新功能的新系统,这就是组合。在商品设计、生产、使用过程中都可以运用组合的形式。

三、商品标准化的作用

(一) 标准化有利于促进经济建设和社会生活的协调发展

标准化的重要作用就在于,一方面能够促进经济建设的有序发展,另一方面又能控制和最大限度地降低经济活动带给社会的负面作用(如生态破坏、环境污染等),由此促进两者的协调发展。经济建设发展越迅速,生活水平提高得越快,人们对标准化的要求也就越高,尤其是在安全、健康和环境保护等方面。标准化活动要讲经济效益,但当经济效益与社会效益发生冲突时,前者必须服从后者。国内外的标准化活动在安全、健康和环境保护方面都是严格遵循这一原则的。

(二) 标准化有利于科学技术的进步和发展

科学技术的高速发展推动了标准化活动的开展,信息技术的标准化就是一个突出的实例;它反过来又促进了世界信息技术的一体化,推动了各国之间的信息技术交流和成果共享,从而有利于科技进步和发展。标准化是积累实践经验、推广应用高新技术、促进技术进步的桥梁。

(三) 标准化有利于消除贸易壁垒,促进国际贸易的发展

目前有两种障碍影响国际自由贸易:一是关税壁垒,即进出口商品经过一个国家的边界时,由海关向进出口商征收高关税的一种贸易壁垒;二是非关税壁垒,即海关以外的一切限制进口的措施,是通过法律、政策等措施形成的限制进口的贸易壁垒。非关税壁垒分为两类:一是进口国直接对进口商品的数量或金额加以限制,如进口配额制、进口许可证、外汇管制等;二是技术壁垒,即各种技术法规和技术标准形成的贸易壁垒。为解决进出口贸易的不平衡问题,保护本国或本地区的利益,各国纷纷由关税壁垒转向技术壁垒。

传统的标准和标准化活动被认为是企业组织生产的依据。而当前,随着国际贸易竞争日趋激烈,许多国家有意识地利用标准化作为竞争的手段,把强制性标准或标准中的技术差别作为贸易保护主义的措施,特别是在保证食品卫生、保护环境和人身健康安全方面,许多国家和地区都制定了严格的技术标准。例如,粮食卫生标准,食品卫生标准,餐具中的铅、锑、砷、汞等含量标准,食品机械设备卫生标准,劳动环境卫生标准,防疫检疫规定等。其中,最重要的是食品卫生标准,为了使本国食品在激烈的市场竞争中站住脚,其内容涉及食品原料、加工方法、食品添加剂、食品包装材料、农药残留量等多方面。自然环境是人类生活和劳动的场所,一旦遭到破坏,将影响人的身体健康和生命安全,因此各国都非常重视环境标准,如废气、废水、废渣、粉尘、放射性物质等有害物质的排放标准,汽车、机床、风机、水泵等噪声标准。有关产品使用安全,尤其是儿童用品的安全标准,始终是国际贸易中人们关注的问题。

由于国际标准是大多数国家所能接受的,在国际贸易中,以国际标准作为交易双方的技术依据使双方都处于平等的地位,因而可以消除国际贸易中的技术壁垒。为此,国际标准化组织有针对性、有计划地加快了有关国际标准,如 ISO9000 质量管理和质量保证系列标准、ISO14000 环境管理系列标准等的制定工作。积极采用国际标准和国外先进标准也是我国突破国际贸易技术壁垒的一项重大技术经济政策。

目前,我国采用国际标准的程度分为等同采用、等效采用和非等效采用。有国际标准的,应当以其为基础制定我国标准。对国际标准中的安全标准、卫生标准、环境保护标准等应当优先采用。企业开发新产品应积极采用国际标准和国外先进标准,引进生产线生产的商品必须达到这些标准的要求。企业生产的商品,凡是有能力、有条件采用国际标准和国外先进标准的,都应采用相应的标准。暂时没有采用国际标准的重要商品,要限期采用。在进口和出口商品时,必须优先采用国际标准和国外先进标准。我国对采用国际标准生产的商品实行国际标准产品标志制度。

名词解释：

商品标准、国际标准、国家标准、商品标准化

思考题：

1. 简述对商品标准概念的理解。
2. 商品标准如何分类？
3. 简述商品标准的主要内容以及制定原则。
4. 简述国内商品标准的分级。
5. 如何区分不同标准的表示方法？
6. 简述不同标准适用的条件。
7. 请比较分析强制性标准与推荐性标准的不同。
8. 举例说明国家标准代号表达的具体内容。
9. 简述不同级别标准代号编制的注意事项。
10. 简述我国引用国际标准有哪些具体的表示方法。
11. 简述商品标准与商品标准化的区别。
12. 消费者对商品的质量要求为什么会影响商品标准的制定？
13. 请问标准化是否会促进国际贸易的发展？

第六章
商 品 检 验

> **引导案例**

2015年10月,山东出入境检验检疫局召开新闻发布会,公布山东口岸截获疫病疫情及进口货物检出情况。在新闻发布会现场,山东出入境检验检疫局公布了典型的几个案例。

案例一,进口美国花生果中检出黄曲霉毒素超标。青岛检验检疫局从一批来自美国的花生果中检出黄曲霉毒素 B_1 为 288.8 μg/kg,远远超出我国规定的 20 μg/kg 的限量标准,这是山东口岸首次从进口美国花生果中检出黄曲霉毒素超标。该批货物共计169.168吨、货值近9万美元,青岛检验检疫局对此做出退运处理。黄曲霉毒素易在储存不当、发霉的花生和干坚果中产生,作为一种毒性很强的肝毒素,可引起肝脏的急性和慢性损害,黄曲霉毒素 B_1 被认为是目前致癌力最强的天然物质。美国是世界上最大的花生种植生产及出口国之一,其基于规模化的种植、机械化的生产和比较科学的黄曲霉毒素控制体系,一直被认为是黄曲霉毒素低风险产区。

案例二,进口冷冻白虾不合格。蓬莱检验检疫局退运了一批重19.4吨、货值7.7万美元的进口厄瓜多尔冷冻去头白虾。该批进口冷冻去头白虾经山东蓬莱检验检疫局检验,其二氧化硫检测结果为 331 mg/kg,超出我国小于 100 mg/kg 的要求。依据相关法律法规,蓬莱检验检疫局对该批货物做出退运处理的决定。上述产品中的二氧化硫超标是由非法添加亚硫酸盐所致,亚硫酸盐主要作用是保鲜、防腐,防止虾头黑变,保持颜色鲜亮。我国国家强制标准中明确要求亚硫酸盐不得在水产品中添加,其分解产生的二氧化硫对人的消化道和肺部都有刺激作用,一旦吸收进入血液,对全身可产生毒副作用,对肝脏也有一定的损害,长期食用添加亚硫酸盐的食品会严重危害人的身体健康。

案例三,检出有害生物冷杉短鞘天牛。青岛检验检疫局工作人员在对多批俄罗斯桦木单板木质包装实施查验时,多次发现木质包装标识不清、湿度较大的情况。对木质包装剖开后发现多种活体有害生物,经山东检验检疫局食品农产品检测中心鉴定为长林小蠹、冷杉短鞘天牛,以及食蚜蝇、蜡螟等。其中,冷杉短鞘天牛为山东口岸首次检出。长林小蠹为林木检疫性有害生物,适应性广,食性杂,能侵染多种松树的新伐木、衰弱木,极易导致松树死亡。此外,该虫还是松树黑根病菌和蓝变真菌的传播媒介。冷杉短鞘天牛为林木重要性有害生物,幼虫在新砍伐的松杉树干或树枝中蛀食,虫道长而弯曲,可深入木质部,目前主要分布在亚洲和欧洲的部分国家,一旦在我国广泛传播,将会对我国农林业生产造成严重威胁。

案例四,进口电暖毯不合格。山东检验检疫局辖属临沂、威海检验检疫局在对韩国进口的电暖毯实施检验时,发现存在重大电气安全隐患,共涉及 2 批次 3 258 条电暖毯。经检验,上述两批次货物均无中文说明书,且电源插头制式不符合我国标准要求。经进一步检测发现,其中 1 批 GOMPYO 品牌电暖毯(1 418 条)额定输入功率偏差达 25.6%(标准限值为 20%)、正常工作状态下输入功率的稳定值未减少到初始值的 50% 以下、载流部件 125 摄氏度球压试验后压痕直径超过 2 mm。另一批 ECO 品牌电暖毯控制器接地端未充分固定且无防松措施,导致接地不良。依据《中华人民共和国进出口商品检验法实施条例》相关规定,对上述两批次不合格电暖毯分别实施销毁、技术整改处理措施。冬季许多消费者喜欢用电暖毯御寒,但不合格的电暖毯在使用过程中存在过热和自燃的可能,甚至会导致触电、引起火灾,严重影响消费者生命财产安全。

商品检验是商品学中非常重要的一章,它不仅涉及对商品进行有效的检验,确保商品在数量、质量等方面符合购买者需求,同时要确保商品在进入流通领域后符合相关的法律法规的规定,特别是在国际市场竞争中取得竞争优势。

(资料来源:http://roll.sohu.com/20151119/n427149279.shtml)

第一节 商品检验概述

一、商品检验的概念

商品检验是指商品的供货方、购货方或者第三方在一定的条件下,借助某种设备仪器、试剂或采用感官等手段和方法,按照合同、标准或国际、国家的有关法律法规、惯例,对商品的质量、规格、重量、数量以及包装等方面进行检验,并做出合格与否或通过验收与否的决定以及等级判定;或为维护买卖双方的合法利益,避免或解决各种风险损失和责任划分的争议,便于商品交接结算而出具各种证书的业务活动。

国家标准对检验的定义为:通过观察和判断,必要时结合测量、试验所进行的符合性评价。简单地说,商品检验就是根据商品标准和合同条款规定的质量指标,确定商品质量高低和商品等级的工作。其中,商品的质量检验是商品检验的核心内容,故而狭义的商品检验就是指商品的质量检验。

商品的质量检验在早期质量管理的发展阶段发挥了保证商品质量的"把关"作用,全面质量管理不断发展、完善的今天,由于预防、控制并非总是有效,所以商品检验仍然是商品质量保证工作的一项重要内容。

商品质量检验包括成分、规格、等级、性能和外观质量等,是根据合同和有关检验标准规定或申请人的要求,对商品的使用价值所表现出来的各种特性,运用人的感官或化学、物理的手段进行测试、鉴别,其目的就是判别、确定该商品的质量是否符合合同中规定的商品质量条件和标准。

商品的质量检验包括以下四项具体工作:

(1) 度量,包括测量与测试,可借助某种设备仪器、试剂或感官等完成;

(2) 比较,把度量结果与质量标准进行对比,确定质量是否符合要求;

(3) 判断,根据比较结果,判断被检商品是否合格,或是否符合规定的质量标准;

(4) 处理,对单件商品决定是否可以转到下道工序或是否准予出厂,对批量商品决定是接收还是拒绝,或重新进行全检和筛选。

二、商品检验的目的

商品检验目的是运用科学的检验技术和方法,正确地评定商品质量。商品检验任务主要是从商品的用途和使用条件出发,分析和研究商品的成分、结构、性质及其对商品质量的影响,确定商品的使用价值;拟定商品质量指标和检验方法,运用各种科学的检测手段评定商品质量,并确定是否符合规定标准的要求;研究商品检验的科学方法和条件,不断提高商品检验的科学性、精确性、可靠性,使商品检验工作更科学化、现代化;探讨提高商品质量的途径和方向,促进商品质量的提高,并为选择适宜的包装、保管和运输方法提供依据。商品检验在国际贸易环节中特别重要。

三、商品检验的内容

(一) 商品质量检验

商品质量检验包括外观质量检验、内在质量检验与特定质量检验。如前所述,商品质量检验是根据合同和有关检验规定标准或申请人的要求,对商品的使用价值所表现出来的各种特性,运用人的感官或化学、物理的手段进行测试、鉴别,其目的就是判别、确定该商品的质量是否符合合同中规定的商品质量条件和标准。

1. 外观质量检验

外观质量检验主要是对商品的外观形态、样式、尺寸规格、造型、花色、表面加工、装饰水平、表面缺陷等的检验。

2. 内在质量检验

内在质量检验主要包括成分检验(如有效成分的种类及含量、杂质及有害成分的限量等)、力学性能检验(如抗压、抗拉、冲击、振动等)、实用性能检验(如汽车的车速、刹车要求,电视机的声响、图像效果,机器生产出完好的产品等)、理化性能检验(如导电性、耐热性等物理性能和抗腐性、溶解性、耐酸碱性等化学性能)。

3. 特定质量检验

特定质量检验是指为了安全、卫生和环境保护等目的而对某些商品提出特别要求的质量检验。例如,对危险商品的安全性能的检验,对食品卫生的检验(如食品中是否含有有害微生物、食品添加剂、农药残留量、重金属含量等),对动物的检疫检验,对废水、废气、噪声的限量检验,对飞机、汽车、船舶的安全防护检验等。

(二) 商品重量和数量的检验

商品的重量和数量是成交商品的基本计量与计价单位。因其直接关系到买卖双方的利益,因此商品的重量和数量检验是商品的主要检验工作之一。重量检验就是根据合同规定,采用不同的计量方式,对不同的商品,计量出它们准确的重量。

常见的计重方法有衡器计重、水尺计重、容量计重、流量计计重等。

数量检验是指按照发票、装箱单或尺码明细单等规定,对整批商品进行逐一清点,证明其实际装货数量。对外贸易合同中常用的数量计量方式有:(1) 对机电仪器类产品、零部件、日用轻工品常用个数计量,如个、只、件、套、打、台等,这种方式简单明确,检验方便,直接清点即可;(2) 一些纺织品、布匹、绳索等用长度计量,计量单位为米、英尺等;(3) 玻璃、胶合板、地毯、塑料板、镀锌(锡)钢板等常用面积计量,计量单位为平方米、平方英尺等;(4) 木材多按体积计量,使用立方米、立方英尺等计量单位;(5) 有些液体、气体产品用容积计量,使用升、加仑等计量单位。

(三) 商品包装检验

商品包装检验是根据贸易公司或契约规定对商品包装进行的检验,具体包括包装标志、包装材料、种类、包装方法等的检验,查看商品包装是否完好、牢固等。商品包装检验就是对商品的销售包装和运输包装进行检验。

为了确保出口危险货物安全运输,对装运危险货物的包装容器必须进行性能检验,检验合格者才准予装运危险货物。在对危险货物包装出口时,还必须申请商检部门进行使用鉴定,以便确认正确合理地使用包装容器,取得使用鉴定证明后才准予装运出口。

依据联合国制定的《关于危险货物运输的建议书》和国际海事组织制定的《国际海运危险货物规则》,危险货物共分为9大类:爆炸类;压缩、液化或加压溶解的气体;易燃液体;易燃固体;氧化剂和有机过氧化物;有毒物质和有感染性的物质;放射性物质;腐蚀品;其他危险货物,具体列入近3 000种危险货物。凡属于上述所列的危险货物,必须实施包装性能检验和使用鉴定。

《中华人民共和国进出口商品检验法》规定,为出口危险货物生产包装容器的企业,必须申请商检机构进行包装容器的性能鉴定。生产出口危险货物的企业,必须申请商检机构进行包装容器的使用鉴定。使用未经鉴定合格的包装容器的危险货物,不准出口。对装运出口易腐烂变质食品的船舱和集装箱,承运人或者装箱单位必须在装货前申请检验。未经检验合格的,不准装运。

运输包装性能检验的典型项目有跌落试验、堆码试验、气密试验、液压试验等。

(四) 安全、卫生检验

为保证食品安全,防止食品污染和有害因素对人体的危害,我国实行食品卫生监督制度,我国出入境检验检疫部门负责进出口食品的卫生检验检疫工作。

商品安全检验主要是指电子电器类商品的漏电检验、绝缘性能检验和X光辐射等。商品的卫生检验是指商品中有毒有害物质及微生物的检验,主要包括:(1) 细菌检验,不得检出沙门氏菌、志贺氏菌、猪丹毒、炭疽菌、肉毒杆菌,大肠杆菌等杂菌也要符合限量要求;(2) 霉菌检验,对黄曲霉毒素等20多种可致癌霉菌毒素严格限量;(3) 农药残留量检验,包括有机氯农药滴滴涕(DDT)、六六六等数百种农药残留量严格限量;(4) 食品添加剂检验,如防腐剂、发色剂、增香剂、发泡剂、漂白剂、乳化剂等严格限量;(5) 有毒有害金属检验,对铅、锡、锌、砷、汞等有毒有害金属严格限量等。

有的国家对有些食品还要求检验抗生素、雌激素、亚硝胺等有害物。一切食品中都不得有猪毛、苍蝇、鼠类、蚂蚁等杂质。对于进出口商品的检验,除上述内容外,还包括货损鉴定、集装箱检验、进出口商品的残损检验、出口商品的装运技术条件检验、产地证明、价值证明以及其他业务的检验。

第二节 商品检验的方法

一、商品检验的种类

(一) 按检验内容的不同划分

1. 外观检验

外观检验是指对商品的外观质量进行检验,如造型的艺术性、附件装饰的合理性、结构的先进性和牢固性、色泽的调和性以及外观有无缺陷等。

2. 微观检验

微观检验多指对商品的内在质量进行检验,如商品的成分、理化力学性能、卫生安全性等。由于商品类别不同,其内在质量检验要求也各不相同。

3. 包装检验

包装检验就是对商品的包装标志、包装材料、种类、包装方法等进行检验,查看商品包装是否完好、牢固,内外包装质量是否符合销售、储存、运输的要求,对商品质量有无污染或影响,包装标志是否清晰等。

(二) 按检验目的的不同划分

1. 生产检验

生产检验又称第一方检验、卖方检验,是指商品的生产方为了维护企业信誉,达到保证质量的目的,而对原材料、半成品和产成品进行的检验活动。生产检验通常是由生产企业或其主管部门自行设立的检验机构,目的是及时发现不合格产品,经检验合格的商品应有"检验合格证"标志。

2. 验收检验

验收检验又称第二方检验、买方检验,是指商品的购买方(包括商业、外贸和工业用户等)为了维护自身及消费者的利益,保证其所购商品符合合同或规定的标准所进行的检验活动。在实践中,购买方还要派员驻厂,对商品质量形成的全过程进行监督,及时发现问题,及时要求生产方给予解决。验收检验目的是及时发现问题,反馈质量信息,促使卖方纠正或改进商品质量。

3. 第三方检验

第三方检验又称公正检验、法定检验,是指处于买卖利益之外的第三方,为了维护买卖双方各自的合法权益、国家权益及消费者的权益,协调各方矛盾,促使商品交易活动的顺畅进行,以公正、中立、权威的身份,根据有关法律、合同或标准而对商品所进行的检验活动,如公证鉴定、仲裁检验和国家质量监督检验等。第三方检验由于具有公正性,其检验结果被国内外所公认,具有法律效力。目的是维护各方面合法权益和国家权益,协调矛盾,促使商品交换活动的正常进行。

(三) 按检验有无破坏性划分

1. 破损性检验

破损性检验是指为取得必要的质量信息,经测定、试验后的商品遭受一定程度破坏的检验,如加工食品罐头、饮料等。

2. 非破损性检验

非破损性检验是指经测定、试验后的商品仍能发挥其正常使用性能的检验,也称无损检验,如电器类、纺织品类等。

(四) 按检验商品的相对数量划分

1. 全数检验

全数检验是对被检批的商品逐个(件)地进行检验,也称百分之百检验。其优点是能提供较多的质量信息,给人一种心理上的放心感。缺点是由于检验量大,费用高,易造成检验人员疲劳而导致漏检或错检现象。全数检验适用于批量小、质量特性少且不稳定、较贵重,具有非破坏性的商品检验,如照相机、手表、彩电、冰箱等。

2. 抽样检验

抽样检验是按照事先已确定的抽样方案,从被检批商品中随机抽取少量样品,组成样本,再对样品逐一测试,并将检验结果与标准或合同技术要求进行比较,最后由样本质量状况统计推断受检批商品整体质量是否合格的检验。其特点是检验的商品数量相对较少,节约费用,具有一定的科学性和准确性。缺点是提供的质量信息少。抽样检验适用于批量大、价值低、质量特性多且质量较为稳定,具有破坏性的商品检验,如天然矿泉水、糕点、乳制品等。

二、感官检验法

感官检验法是根据人的感觉器官的不同功能和实践经验,借助一定的器具来测试评价的方法。这种方法可以用"望、闻、问、切"和由表及里、由此及彼、全面审评来概括。由于感官检验法简便易行、快速灵活、成本较低,特别适用于目前还不能用仪器定量评价其感官指标的商品和不具备组织昂贵、复杂仪器进行检验的企业、部门和消费者,所以感官检验法的应用较为广泛。目前,它被广泛地用于食品、纺织、日用工业品、医药、家用电器等领域的检验。当然,由于感官检验法可能会受检验者的生理条件、心理因素、文化素质、工作经验以及外界环境的影响,所以难免带有主观性,但它仍具有不可替代性。为了减少检验结果的误差,可采取实物标准法、多人评审法等方法来弥补不足。

根据感觉器官的不同,可将感官检验分为视觉检验、嗅觉检验、味觉检验、听觉检验和触觉检验。

(一) 视觉检验

视觉检验是指通过利用人的视觉器官来检验商品的外形、结构、颜色、光泽以及表面状态、外观疵点、式样、包装的结构等凡需用视觉鉴别的感官指标,来评定商品质量的检验方法。

视觉检验需要一定的条件,它对光线的强弱、照射方向、背景对比以及检验人员的生理、心理和专业能力等都有一定的要求,通常应在标准照明(非直射典型日光或标准人工光源)条件下和适宜的环境中进行。例如,鉴定茶叶的汤色时,应在反射光线下进行。另外,检验者不能有色盲等病症,而且应对检验者进行必要的挑选和专门的培训。

视觉检验是一种应用极为广泛的检验商品的方法,如茶叶的外形、叶底;水果的果色和果型;棉花色泽的好坏,疵点粒数的多少;罐头容器外观情况和内容物的组织形态;玻璃罐的外观缺陷;食品的新鲜度、成熟度和加工水平等。

（二）嗅觉检验

嗅觉检验是利用人的嗅觉器官来鉴定商品气味，以评定商品质量的检验方法。嗅觉检验受检验者的生理条件、检验经验及环境条件的影响很大，所以必须对检验者进行测试，严格选择和培训。在检验中，还应避免检验者的嗅觉器官长时间与强烈的挥发物质接触；鉴定场所、盛样器皿、检验者的手和衣着等物均不应有不利于嗅觉鉴定的异种气味；检验顺序应从气味淡向气味浓的方向进行，并注意采取措施防止串味等现象。

嗅觉检验广泛应用于食品和某些日用工业品（如医药、化妆品、香精、香料等）的商品检验。嗅觉检验对鉴别纺织纤维、塑料等燃烧后的气味差异也起到重要作用。

（三）味觉检验

味觉检验是利用味觉器官，通过品尝食品的滋味与风味来鉴定食品质量的检验方法。食品滋味检验者对所检验食品滋味方面的知识和经验的丰富程度，是鉴定结果准确程度的基本条件。味觉检验要求检验者注意被检验样品的温度与对照样品的温度一致，食品温度过高或过低，均能影响味觉鉴定的准确性。为保证滋味审评的准确性，检验用的样品应保持适宜的温度。例如，审评茶叶和植物油脂滋味时，茶汤和植物油脂的温度应保持在50℃左右。在一些检验细节上必须遵循一定的检验规程，如检验时不能吞咽物质，应使之在口中慢慢移动，每次检验前后必须用清水漱口等。

味觉检验主要用来鉴定食品，如糖、茶、烟、调料等味觉食品。食品的滋味和风味是决定食品质量的重要因素。同一原料来源的食品，由于加工调制方法的不同，滋味和风味也不同。质量发生变化的食品，滋味必然变劣，产生异味。所以味觉检验是检验食品品质的重要手段之一。

（四）听觉检验

听觉检验是利用听觉器官，通过对商品发出的声音是否优美或正常来评判商品质量的检验方法。听觉检验和其他感官检验一样，需要适宜的环境条件，即力求安静，避免外界因素对听觉灵敏度的影响。

听觉检验一般用来检查玻璃制品、瓷器（常敲击瓷器，根据声音判断品质是否正常，声音清脆悦耳表明品质正常，声音嘶哑是有裂纹的反映）、金属制品有无裂纹或其内在的缺陷，评价以声音作为质量指标的乐器、家用电器等商品，评定食品成熟度、新鲜度（根据鸡蛋是否有水声，判断鸡蛋的新陈）、冷冻程度等。此外，听觉检验还广泛地用于塑料制品的鉴别、纸张的硬挺性与柔韧性、颗粒状粮食和油料的含水量及罐头食品变质的检验等。

（五）触觉检验

触觉检验是检验者用触觉器官（手）触摸、按压或拉伸商品，根据商品的光滑细致程度、干湿、软硬、有无弹性、拉力大小、凉热等情况，判断商品品质的检验方法。触觉检验时,应注意环境条件的稳定和保持手指皮肤处于正常状态。触觉检验主要用于检查纸张、塑料、纺织品以及食品和其他日用工业品的表面光滑细致程度、强度、厚度、弹性、紧密程度、软硬等质量特性。

在感官检验过程中,由于种种原因可能会存在感官差别。为了对商品做出比较准确的评价,可以采用如下感官检验评价方法:

1. 差别检验法

这种方法用于判定两种样品之间是否存在感官差别。例如,检验某种商品样品与标准样品在感官特性上是否存在差别,或检验经过一段时间储存后商品的风味是否改变等。

2. 使用标度和类别检验法

这种方法涉及两种以上的商品,是在经过差别检验并确定其具有明显差别的基础上,为进一步估计差别的顺序或大小,或估计样品应归属的类别而采用的方法,主要有排序、量值估计、评分、评估、分类等。

3. 分析或描述性检验法

这种评价方法要求评价者对构成商品的各个特性指标进行定性、定量描述,尽可能地完整描述商品质量。

4. 敏感性检验法

这种方法常用于选择与培训评价者,具体方法有检验和稀释检验两种类型。检验用于确定评价者的不同值,稀释检验用于确定可感觉到的混入食品中的其他物质的最低量。

三、理化检验法

理化检验法是在实验室的一定环境下,利用各种仪器器具和试剂作为手段,运用物理的、化学的及生物学的方法来测试商品质量的方法。它主要用于检验商品的成分、结构、物理性质、化学性质、安全性、卫生性以及对环境的污染和破坏性等方面。

理化检验法技术性较强,对检验设备和检验条件要求严格,同时对检验者有较高的素质要求。但因其能用数字定量地表示测定结果,客观、准确地反映商品质量情况,对商品质量鉴定具有较强的科学性,较感官检验法客观和精确,因此理化检验法应用越来越广泛。

理化检验法根据其原理可分为物理检验法、化学检验法和生物检验法。

(一) 物理检验法

物理检验法是运用各种物理仪器来测定商品的各种物理性能和指标的一种检验方法。根据检验内容的不同,通常又分为一般物理检验法、光学检验法、热学检验法、力学检验法和电学检验法等。

1. 一般物理检验法

一般物理检验法是运用各种量具、量仪、天平及专门仪器来测定商品的长度、宽度、细度、厚度、面积、体积、质量、密度、黏度、表面粗糙度等一般物理特性的一种方法。例如,棉纤维的长度和细度,水果个体的体积和重量,纸张和干燥无浆的纺织品每平方米的重量等。

2. 光学检验法

光学检验法是通过各种光学仪器(如光学显微镜、X 射线机、折光仪、旋光仪等)来检验商品各种光学特性的一种方法。检验的主要内容包括商品的微观结构、物理性质以及品质缺陷等。例如,用光学显微镜可观察、测量商品的细微结构(如观察纺织品中各种纤维的纵向及横截面形状),从而判断其性质;用 X 射线机可鉴定商品的内部结构(如观察金属制品内部是否有裂痕);用折光仪可测定液体的折光率(如通过测定油脂的折光率来判断油脂的新陈以及是否掺假或变质)。

3. 热学检验法

热学检验法是通过热学仪器测定商品热学特性的一种方法。热学特性包括凝固点、熔点、沸点、耐热性、耐寒性、抗冻性、导热性、保温性等。玻璃和搪瓷制品、金属制品、化妆品、化工品、塑料制品、橡胶制品、皮革制品、建筑材料、石油产品和部分食品等,它们的热学性质都与商品的质量和品种有关。例如,搪瓷制品的耐热性测定,是将搪瓷制品加热到规定温度后,迅速投入冷水中,以珐琅层在突然受冷时不致炸裂和脱落的温度表示,温度差越大,耐热性越好。

4. 力学检验法

力学检验法是通过各种力学仪器(如万能试验机、拉力试验机、冲击试验机、扭转试验机、硬度试验机等)来测定商品的力学性能的一种检验方法。力学性能主要包括抗拉强度、抗压强度、抗疲劳强度、耐磨强度、硬度、弹性、塑性、脆性等。商品的力学性能与其耐用性密切相关。

5. 电学检验法

电学检验法是通过电学仪器测定商品电学特性的一种检验方法。电学特性通常有电流、电压、电阻、电容、电导率、电功率、磁性、静电性等。通过商品的某些电学特性的测定(如电阻、电容等的测定),往往还可以间接测定商品的其他特性(如吸湿性、材质的不匀率等)。电学检验法可节省大量的材料,能迅速得出较准确的结果或数据,使用简便。

(二) 化学检验法

化学检验法是通过各种化学试剂和仪器对商品的化学成分及其含量进行测定,从而判断商品品质的一种检验方法。根据具体操作方法,化学检验法可分为化学分析法和仪器分析法两类。

1. 化学分析法

化学分析法是根据检验过程中商品在加入某种化学试样和试剂后所发生的化学反应来测定商品的化学组成成分及含量的一种检验方法。该方法不仅设备简单,经济易行,而且结果准确,是其他化学分析方法的基础。适用于食品检验,包括营养素、食品添加剂、有毒有害物质及发酵、酸败、腐败等食品变质的成分变化指标测定;纺织品与工业品主要有效成分、杂质成分、有害成分的含量,以及耐水、耐酸碱、耐腐蚀等化学稳定性方面的测定。

化学分析法分为定性分析法和定量分析法两种。

(1) 定性分析法。定性分析法是根据反应结果所呈现的特殊颜色或组合,在化学反应中生成的沉淀、气体等来判定商品成分的种类及其性质的一种方法。在定性分析中,多使用灵敏度高的鉴定反应。为了能正确判断结果,往往还要做空白试验和对照试验;同时还应注意反应溶液的温度、浓度、酸度干扰物质等影响。

(2) 定量分析法。定量分析法是在定性分析法的基础上,准确测定试样中商品成分含量的分析方法。按测定方法的不同,定量分析法分为重量分析法和滴定分析法。重量分析法是根据一定量的试样,利用相应的化学反应,使被测的成分析出或转化为难溶的沉淀物,再将沉淀物滤出,经洗涤、干燥或灼烧后,准确地称其重量而计算出试样中某成分含量的分析方法。滴定分析法是用一种已知精确浓度的标准溶液与被测试样发生作用,由滴定终点测出某一组分含量的分析方法。常用的分析方法有氧化还原法、综合滴定法、沉淀法、酸碱滴定法等。

2. 仪器分析法

仪器分析法是采用光、电等方面比较特殊或复杂的仪器,通过测量商品的物理性质或物理化学性质来确定商品的化学成分的种类、含量和化学结构以判断商品质量的检验方法。它包括光学分析法和电学分析法。

(1) 光学分析法。光学分析法是通过被测成分吸收或发射电磁辐射的特性差异来进行化学鉴定的分析方法。常见的方法有比色法、分光光度法、发射光谱法、色谱分析法等。

比色法是通过比较有色物质溶液的颜色,确定含量多少的分析方法。它包括目视比色法和光电比色法。目视比色法是用眼睛比较被测溶液与标准溶液颜色深浅差异的方法。这种方法可以在复合光下进行测定,但标准溶液不能久存,经常需要在测定时同时配制。光电比色法是采用光电比色计测试的,即利用光电效应测量光线通过有色溶液的强度的方法。这两种方法都是在可见光区内测定物质对光的吸收强度的方法。

分光光度法也称吸收光谱法,包括原子吸收分光光度法、紫外分光光度法等。原子吸收分光光度法是一种基于物质所产生的原子蒸气对特定谱线(通常是待测元素的特征谱线)具有吸收作用而进行分析的方法。由于这种方法测定灵敏度高,特效性好,抗干扰能力强、稳定性好、适用范围广,加之仪器较简单、操作方便,因而应用日益广泛。

发射光谱法是根据原子所发射的光谱测定物质的化学组成的方法,即试样在外界能量的作用下转变成气态原子,并使气态原子的外层电子激发至高能态。当从较高的能级跃到较低的能级时,原子将释放出多余的能量而发射出特征谱线。对所产生的辐射经过摄谱仪进行色散分光,按波长顺序记录在感光板上,就可呈现出有规则的光谱线条,即光谱图。然后根据所得光谱图进行定性分析和定量分析。

色谱分析法的分离原理是使混合物中各组分在两相间进行分配,其中一相是固定不动的,称为固定相;另一相是携带混合物流过此固定相的流体,称为流动相。当流动相中所含混合物流过固定相时,就会与固定相发生作用。由于各组分在结构和性质上的差异,流动相与固定相发生作用的大小、强弱也有差异,因此,在同一推力作用下,不同组分在固定相的停留时间有长有短,从而按先后不同的次序从固定相中流出,达到分离的目的。试样中各组分被分离后,再分别检测,最后由记录仪记录,得到色谱图。气相色谱仪应用相当广泛,但对于难挥发和热稳定性能差的物质,这种方法的应用仍受到一定限制。

(2) 电学分析法。电学分析法是利用被测商品的化学组成与电物理量(电极电位、电流等)之间的定量关系来确定被测商品的组成和含量,具体包括极谱法、电导滴定法、电位滴定法、电解分析法等。电学分析法灵敏度和准确度均很高,由于测试中得到的是电学信号,因而易于实现自动化和连接电子计算机及连续分析。

近年来,随着基础理论研究和新技术的应用,还出现了许多其他新型的光学仪器法,如核磁共振波谱法、红外线检验法、紫外线检验法、X射线检验法、质谱仪检验法、荧光光谱法等。它们大都用于测定商品的成分和结构,特点是快速简便、准确、自动、灵敏。但由于处理费时,仪器价格昂贵,对操作人员要求高,故其应用受到一定的局限。

(三) 生物检验法

生物检验法是食品类、药类和日用工业品类商品质量检验常用的方法之一,一般用于测定食品的可消化率、发热量和维生素的含量、细胞的结构与形状、细胞膜的特性、有毒物品的毒性大小等。它包括微生物学检验法和生理学检验法两种。

1. 微生物学检验法

微生物学检验法是利用显微镜观察法、培养法、分离法和形态观察法等,对商品中所存在的有害微生物(如大肠杆菌、沙门氏菌、炭疽菌等)的种类和数量进行检验,并判断其是否超过允许限度的一种检验方法。由于微生物的形体很小,所以这种方法一般是借助显微镜进行的。

2. 生理学检验法

生理学检验法是检验食品的可消化率、发热量及维生素和矿物质等营养素对机体的作用,以及食品和其他商品中某些成分的毒性等的一种检验方法。这种方法一般先用活体动物(如鼠、兔等动物)来进行试验,从而测定出食品的营养价值、有害物质的毒性等。只有经过无毒性(包括急性毒性及慢性毒性)试验后,视情况需要并经有关部门批准后,才能在人体上进行试验。

第三节 商品品级

一、商品品级的概念

根据商品质量标准(包括实物质量标准)和实际质量检验结果,将同类同种商品划分为若干等级的工作,称为商品品级。商品品级通常用"等"或"级"的顺序来表示,其等级顺序反映商品质量的高低,如一等(级)、二等(级)、三等(级)或甲、乙、丙等。商品质量等级的确定,主要依据商品的标准和实物指标的检测结果,由行业归口部门统一负责。

商品品级的合理划分有利于企业完善质量管理,不断提高商品质量;有利于对企业进行合理的效益评价,维护企业和消费者双方的利益;同时有利于物价部门的管理和监督,以形成优质优价、公平竞争的市场秩序,促进经济的健康发展。

商品种类不同,分级的指标内容也不一样。例如,食糖按其主要成分(蔗糖)含量和杂质含量分级;鸡蛋按十个重量分级;茶叶按色、香、味、形等感官指标分级;纺织布料以实物质量、物理指标、染色牢度和外观疵点四项综合定等(以其中最低一项指标定等);日用工业品的分级,一是根据商品外观疵点多少和这些疵点对质量的影响程度,二是根据商品理化性质与标准相差的程度来分级;乳和乳制品须同时按感官指标、理化指标、微生物指标进行分级等。对每种商品每一等级的具体要求和分级方法,通常在该商品标准中都已有明确规定。

许多商品还同时以特殊的标记来表明自身的质量等级。例如,瓷器是以底部的印记来表示等级的。图形印记"○"为一等品,印记"□"为二等品,印记"△"为三等品,不合格品底部则印有"次品"字样。又如,布匹上字的颜色表示不同等级,红色字为一等品,绿色字为二等品,蓝色字为三等品,黑色字为等外品。

二、商品品级的方法

(一) 记分法

常用的记分法有百分记分法和限定记分法两种。

1. 百分记分法

百分记分法是按照商品的各项质量指标的标准要求,规定各项指标一定的分数,再根据各项指标对商品品质的影响程度划分权重(重要的质量指标所占的权重大,次要的质量指标所占的权重小)。如果商品的各项质量指标都符合标准规定的要求,则其总分就为 100 分;若其中某些指标达不到标准要求,则其相应的总分就低。分数总和达不到一定等级的分数线,等级也应降低。这种方法在食品和部分日用工业品的品级当中被广泛采用。

2. 限定记分法

限定记分法是将商品的每种疵点(即质量指标不符合质量标准)规定为一定的分数,据累计的疵点总分来确定商品的等级。疵点越多,总分越高,商品等级就越低。这种方法一般在纺织品和日用工业品进行分级时采用。例如,棉色织布的外观质量主要决定于其布面疵点,标准中将布面各种疵点分为七项,分别为破损性疵点、油污疵点、边疵点、经向疵点、纬向疵点、整理疵点和其他疵点。按疵点对布面影响程度确定各项疵点的分数,分数总和不大于 10 分为一等品,不大于 20 分为二等品等。

(二) 限定缺陷法

限定缺陷法是指通过在标准中规定商品的每个质量等级所限定的疵点种类、数量、不允许出现的疵点及成为废品的疵点限度来确定商品质量等级的方法。这种方法多用于工业品品级之中。例如,全胶鞋 13 个外观指标中,一级品不准有鞋面砂眼;二级品中,砂眼直径不超过 1.5 mm,深不超过鞋面厚度。

阅读资料:

产品品级

产品质量等级是将我国工业产品的实物质量原则上按照产品标准水平的不同,将相应的工业产品质量划分为三个等级:优等品、一等品和合格品。与我国企业在生产与经营过程中使用的产品标准对应如下。

优等品主要对应第一个层次(国际标准和国外先进标准),判断依据如下:

(1) 存在明确的产品标准,且产品标准采用现行有效的国际标准或国外先进标准;

(2) 虽然不存在明确的产品标准,但在制造产品过程中所使用的主要技术标准(或产品分系统级的产品标准)属于现行有效的国际标准或国外先进标准;

(3) 制造产品所使用的国家标准、地区标准、行业标准或企业标准本身属于等同或修改采用的现行有效的国际标准或国外先进标准;

(4) 制造产品所使用的企业标准是根据需要选取若干国际标准或国外先进标准的主要性能指标而制定的企业产品标准,包括相应的检验方法;

(5) 制造产品所使用的企业标准是通过测量国外先进产品(作为实物标准)性能所得指标制定的企业标准,并有相应的检验方法;

(6) 制造产品所使用的企业标准是根据从有关技术资料中得到的国外先进产品主要性能指标制定的企业标准,并有相应的检验办法;

(7) 具有我国自主知识产权的先进产品标准。

一等品主要对应第二个层次(国家标准、地方标准和行业标准,且不属于第一层次类型标准的),判断依据如下:

(1) 存在明确的产品标准,且产品标准属于现行有效的国家标准、地区标准或行业标准;

(2) 虽然不存在明确的产品标准,但制造产品所使用的主要技术标准(或产品分系统级的产品标准)属于现行有效的国家标准、地区标准或行业标准。

合格品主要对应第三个层次(企业标准和其他标准,且不属于第一、二层次类型标准的)和其他情形,判断依据如下:

(1) 存在明确的产品标准,且产品标准属于现行有效的企业标准;

(2) 虽然不存在明确的产品标准,但制造产品所使用的主要技术标准(或产品分系统级的产品标准)属于现行有效的企业标准;

(3) 其他情形。

名词解释:

商品检验、感官检验法、理化检验法、商品品级

思考题:

1. 为什么要开展商品检验活动?
2. 商品检验的基本内容包括哪些?为什么要第三方检验?
3. 简述抽样检验的优缺点。
4. 简述商品卫生检验的主要内容。
5. 举例说明如何对某一食品进行质量检验。
6. 比较分析感官检验法与理化检验法的不同。
7. 简述物理检验法与化学检验法有何区别。
8. 简述百分记分法与限定记分法的主要内容。
9. 举例说明如何进行商品的质量检验判断,如何识别和防范假冒伪劣商品?
10. 试述企业经营中应该如何通过商品检验更好地与国际接轨。
11. 从商品品级角度论述商品质量的重要性。

第七章
商 品 包 装

引导案例

现代社会,消费者在购买商品的时候除了注重商品本身之外,还会非常关注商品的包装,包括包装的设计、包装的材质等等。很多企业在产品进入市场一段时间后会习惯性地更换包装,有时候是成功的,但有时候也会带来负面效果。2009年年初,纯果乐(Tropicana,百事公司旗下的果汁品牌)将其原来的"伸出吸管的橙子"的包装图案换成了一个更简单的设计——一个装满橙汁的玻璃杯。消费者认为新包装"丑陋",他们在网络上气愤地表达他们的意见。不久后,Tropicana宣布换回老版的包装。Tropicana承认,他们低估了消费者的忠诚和热情,并且决定换回原来的包装,不是因为新的包装影响销量,而是希望能安抚铁杆消费者,尊重他们的感受。

2009年年底,帮宝适为旗下的Swaddlers和Cruisers产品推出了新的升级版。这款"Dry Max"的纸尿裤比原来的更薄,并且包含了特殊的吸水凝胶。但是新款纸尿裤刚刚上架,就有愤怒的家长在社交软件"脸书"上批评"Dry Max"导致孩子出现尿布疹。有超过一万的粉丝呼吁:帮宝适把旧版的Cruisers/Swaddlers还给我们。这场纠纷导致了一场家长集体诉讼的案件,并引发了一次对于帮宝适尿布是否造成"化学烧伤"的联邦调查。最后,帮宝适不得不改变了Swaddlers和Cruisers的生产工艺,去掉了"Dry Max"的字眼。

著名的可口可乐公司也在包装上出现过决策失误的情况。可口可乐曾经推出假日白色包装特别版,但是决策者没有预料到这样的包装变化会在忠实的消费者当中引发大规模混乱和不满。许多消费者把白色包装的可口可乐和健怡可乐混淆了,零售店主反映,有些消费者把打开的可口可乐又送回来,因为他们把它误认为是健怡可乐了。仅仅一个月时间,可口可乐公司宣布,把所有白罐包装换成经典的红色。虽然这次轻度的混乱没有对可口可乐的销量造成影响,但是它反映了人们对可口可乐的品牌形象有根深蒂固的印象。大多数人是根据颜色来分辨是否是可口可乐,可口可乐的包装基本是大红色瓶装的,而很多不满的消费者认为它们在白色易拉罐里喝到的可乐和红色包装里的口味是不一样的,产生了心理暗示。

随着企业间生产的产品在满足消费者功能方面的趋同,越来越多的企业开始通过外包装的设计吸引更多消费者对商品的关注,适当的商品包装不仅可以增加保护商品的功能,更能够对那些关注商品外包装的消费者产生影响,通过商品外包装实现商品价值增值。本章重点介绍商品包装的相关内容。

(资料来源:https://go.zbj.com/news/5428.html)

第一节 商品包装的功能

一、商品包装的含义

商品包装是商品生产的重要组成部分。我国国家标准对包装做了明确的定义:为在流通过程中保护商品、方便储运、促进销售,按一定技术方法而采用的容器、材料及辅助物等的总体名称;也指为了达到上述目的而采用容器、材料和辅助物的过程中施加一定技术方法等的操作活动。由此可见,商品包装的概念可分为静态和动态两个方面,动态是指本着对商品的保护、便于贮存、运输、销售、使用而对商品进行的包扎活动;静态是指这种包扎活动所采用的材料、容器的总称。

商品包装是根据商品的特性,使用适宜的包装材料或包装容器,将商品包封或盛装,以达到保护商品、方便储运、促进销售的目的。商品经过包装所形成的总体称包装体,包装体是商品和包装材料的综合体,商品和商品包装是共同联系在一起的、相互依存的统一体。

商品包装是实现商品价值和使用价值,并增加商品价值的一种手段。商品包装的价值表现为商品包装所消耗的劳动,这些劳动属于社会必要劳动的一部分。此外,商品包装还体现了商品的附加价值,这种附加价值是通过商品销售价格和售中或售后所获得的无形价值来实现的。

商品包装的基本要求是:科学、经济、美观和适销。"科学"要求商品包装从设计到制作都要采用科学的方法;"经济"要求商品包装节约材料,降低成本;"美观"要求商品包装符合基本的审美观念;"适销"要求商品包装适合于不同地域的风俗习惯,有利于销售。

二、商品包装的分类

商品包装形式多样,按照不同的标准可以划分为不同的种类。常用的划分标准有流通环节、包装的适用性、包装容器属性、包装层次、商品流通去向等。

(一) 按流通环节划分

按流通环节划分,商品包装可以分为运输包装和销售包装,这是商品包装最常见的分类方式。

1. 运输包装

运输包装是用于盛装一定数量的销售包装商品或散装商品的大型包装。运输包装具有保障商品安全,方便运输、装卸、储存,加速交接与点验的作用。其特点是容积大,要求结构坚固、标志清晰、搬运方便,因此,应选择合适的包装材料或容器,研究包装方法和措施。合理的运输包装方法应做到在不影响质量的前提下,压缩轻泡商品体积,大型货物拆装,形状相似的商品套装,并应衬垫缓冲材料等。常见的运输包装有箱型包装、桶型包装和袋型包装。

2. 销售包装

销售包装是用于直接盛装商品并同商品一起出售给消费者的包装。销售包装与运输包装相比,具有精细、个性化和美观等特点。因此,销售包装除了有保护商品的作用外,还可以刺激消费者的购买欲望,促进销售。销售包装在设计上也更加多样化,根据商品的不同性质、外形、档次、用途,按不同的消费对象、风尚习俗、销售范围和方式来进行,也要考虑资源情况、材料和工艺特点、成本费用等因素。销售包装的形式也比运输包装更为多样,常用的销售包装形式有手提结构包装、易拉罐包装、折叠式包装、配套包装等。

(二) 按包装的适用性划分

按包装的适用性划分,商品包装可以分为专用包装和通用包装。

1. 专用包装

专用包装是根据被包装物的特点进行专门设计、专门制造,只适用于某种专门商品的包装。专用包装具有适应范围小、包装成本高、功能单一等特点。例如,生物或化学活性强的商品出于安全的考虑经常需要特别的包装材料和包装形式。

2. 通用包装

通用包装是不进行专门设计制造,而根据标准系列尺寸制造的包装,用以包装各种标准尺寸的商品。通用包装主要是根据商品标准尺寸进行设计和使用。商品标准尺寸的规定主要有两个来源:一是国家或者行业明确的规定,二是实际生活中约定俗成的习惯。通用包装具有适用范围广、成本低、可重复使用等特点。

(三) 按包装容器属性划分

商品包装容器的属性包括抗变形能力、形状、结构和使用次数等,按照包装容器不同的属性,商品包装可以做不同的划分。按包装容器的抗变形能力来划分,商品包装可分为硬包装和软包装两类;按包装容器形状来划分,商品包装可分为包装袋、包装箱、包装盒、包装瓶、包装罐等;按包装容器结构来划分,商品包装可分为固定式包装和拆卸折叠式包装两类;按包装容器使用次数来划分,商品包装可分为一次性包装和多次周转性包装两类。

(四) 按包装层次划分

按包装层次划分,商品包装可以分为个包装、内包装和外包装。

1. 个包装

个包装是一个商品为一个包装单元的包装形式。美观、方便,以销售为主要目的,随商品一同销售给顾客,故又称为小包装。

2. 内包装

内包装是若干个单体包装或商品组成的一个小的整体包装,是介于个包装和外包装之间的包装形式。由于其在销售过程中一部分随商品出售,一部分在销售中被消耗掉,所以又被称为销售包装。

3. 外包装

外包装是将物品放入箱、袋、罐等容器中或直接打包标记,目的在于方便货物的运输、仓储、保管,保护商品。

(五) 按商品流通去向划分

按商品流通去向划分,商品包装可以分为内销包装和出口包装。内销包装是指国内销售的商品所采取的包装。出口包装是指适用于出口商品的包装。由于商品流通去向的差异,商品包装也有不同的要求。

1. 内销包装

内销包装内的商品数量、尺寸、包装外观一般都与国内的生活习惯和风俗相适应。内销商品的运输、保养要求也低于出口商品,内销包装具有经济、实用的特点。

2. 出口包装

出口包装是适用于出口商品的包装,由于运输距离和运输方式的差异以及文化的多元化,出口包装在商品保护性、装饰性和适应性上要求更多。我国对出口商品包装有具体的规定,制定了《出口商品包装通则》,对出口商品的具体要求和各国商品包装的禁忌都做了详细的说明;此外还出台了具体的包装指南,如《出口商品技术指南:欧盟商品包装》,这些具体的包装指南对出口商品的包装做了明确的要求。

三、商品包装的功能

作为商品附加价值的表现形式,商品包装是提高商品价值的一种手段。商品包装通过多种功能的实现来体现这种附加价值。具体而言,商品包装具有保护功能、容纳功能、传递信息功能、促销功能、便利功能和经济功能。

(一) 保护功能

保护功能是商品包装的基本功能。科学的包装可以有效地保护商品的外观形态和内在品质，维护商品的使用价值。商品包装具有防止商品破损和渗漏的功能，保持商品的完整和清洁，避免微生物、害虫的侵蚀以及外界条件（日光、风、雨、温度等）和有害气体的影响。因此，必须根据商品在流通过程中的破损原因及程度，考虑商品的不同特性、用途及运输条件，设计制造牢固、适用的包装。

（二）容纳功能

容纳功能也是商品包装的基本功能。许多商品，如气体、液体、粉末状的商品以及许多食品、药品，没有包装就无法运输、储存、携带和使用。科学合理的商品包装为商品装卸、堆垛、统计和合理使用运输工具，提高运输效率，有效地利用仓库容积提供了有利条件。因此，对一些轻泡商品，在保证商品质量的情况下，尽可能地提高单位体积内的密度，要依据运输工具，设计包装的形状和规格。同时，商品包装便于商品分装或混装，便于清查盘点，有利于提高工作效率和加速商品流通。

（三）传递信息功能

传递信息功能是商品包装的基本功能之一，商品包装上的标识会向消费者传递商品的生产情况和品质，便于消费者选择。国家标准对商品包装的标识有明确的规定，包装应清楚地表明商品质量与尺寸。这些包装上的信息确保了消费者对商品的知情权。商品包装上的商标、商品名称、规格、产地等有关信息可以起到介绍商品、宣传商品的功能。

（四）促销功能

包装是商品的外衣，商品包装一般需要符合美观的要求，很多商品包装不仅传递信息，其本身就是一件艺术品。优美的造型和新颖的包装会提升商品的美感，刺激消费者的购买欲望和兴趣。很多商品本身质量优良，由于采用了精美的包装，大大提升了商品形象，提高了市场竞争力。特别是对于出口商品，过去很多商品出现"一等品质、二等包装、三等价格"的现象，有品质的商品包装可以改变这种局面。

（五）便利功能

商品包装的便利功能是指包装为商品的空间移动及消费者的携带使用提供了方便条件。商品一经生产就会在市场上运输和流通，很多商品在发生空间移动的过程中需要盛装在一定的商品包装中，特别是气体、液体和粉末状的商品。商品包装为这些商品的运输和流通提供了极大的便利。

商品包装除了便于商品的流通和运输外，还为消费者的携带提供了便利。商品包装的设计都会考虑消费者的携带需求，很多商品包装上的手提把手就是出于便于携带的目的。

（六）经济功能

商品包装的经济功能表现为包装可以减少商品损耗。商品从生产到消费，总是会受到自然或人为的影响，损耗是不可避免的。商品损耗会影响到商品的质量，损耗程度因商品本身和环境的不同而不同。合理有效的包装可以减少商品的损耗,降低商品流通的成本。

商品包装本身也是商品生产的一个重要环节,商品包装也需要一定的成本。有效的包装除了美观以外还需要做到用料得当、结构合理,以此降低包装成本。商品包装成本的降低也就直接影响了商品本身的价值。

实际生活中的商品包装都承担着多种功能,而不只是单一的功能。商品价值的高低除了需要精致的包装外,其本身的属性发挥着决定性的作用。商品包装只能影响而不能决定商品的价值,过度的商品包装也是需要避免的。

第二节　商品包装的方法

一、商品包装的基本要求

商品包装应适应商品特征、适应运输条件,商品的包装要适量适度,针对商品的包装应该符合下列基本要求。

1. 适应各种流通条件需要

商品包装通常应该具有一定的强度,坚实、牢固、耐用,以此确保商品在流通过程中的安全。针对企业采用不同运输方式和运输工具,应该有选择地利用相应的包装容器和技术处理。无论采用何种包装方法,都要使整个包装适应流通领域中的储存运输条件和强度要求,以便保证商品质量。

2. 适应商品特性

商品包装必须根据商品的特性,分别采用相应的材料与技术,使包装完全符合商品理化性质的要求,特别是在一些特殊环境以及采用较为特殊的运输工具时,一定要根据商品特性对商品进行包装。

3. 适应标准化的要求

商品包装必须推行标准化,即对商品包装的包装容(重)量、包装材料、结构造型、规格尺寸、印刷标志、名词术语、封装方法等加以统一规定,逐步形成系列化和通用化,以便有利于包装容器的生产,提高包装生产效率,简化包装容器的规格,节约原材料、降低成本,易于识别和计量,有利于保证包装质量和商品安全。

4. 不能过度包装

商品包装不能过度,要确保"适量"。对销售包装而言,包装容器大小应该与内装的商品相宜,包装的费用应该与内装的商品相适应。预留空间过大、包装费用占商品总价值比例过高,都会损害消费者利益;误导消费者"过分包装"不符合节约资源、合理配置资源的要求。

5. 力争绿色、环保

随着社会发展,各类资源的可持续利用越来越成为共识,消费者在购买商品时也更加注重绿色、环保。商品包装的绿色、环保要求主要包括两个方面:一方面,材料、容器、技术本身应是对商品、对消费者而言,是安全的和卫生的。另一方面,包装的技法、材料容器等对环境而言,是安全的和绿色的;在选材料和制作上,遵循可持续发展原则,保证商品包装节能、低耗、高功能、防污染,更多的商品包装可以实现持续性回收利用,或废弃之后能安全降解,不对环境造成污染。

二、商品包装设计原则

1. 安全原则

包装设计最根本的出发点是确保商品和消费者的安全。在商品包装袋设计时,应当根据商品的属性来考虑储藏、运输、展销、携带及使用等方面的安全保护措施,不同商品可能需要不同的包装材料。在选择包装材料时,既要保证材料的抗震、抗压、抗拉、抗挤、抗磨性能,还要注意商品的防晒、防潮、防腐、防漏、防燃问题,确保商品在任何情况下都完好无损。

2. 促销原则

促进商品销售是包装设计最重要的功能理念之一。随着科技发展,人们购买商品时不再依靠销售人员的推销和介绍,而更多的是消费者自己选择需要的商品,购买途径和购买方式发生了很大变化。在消费者开架购物过程中,产品包装袋设计自然而然地充当着无声的广告或无声的推销员,好的产品包装袋设计能够吸引广大消费者的视线并充分激发其购买欲望。商品包装袋设计要以市场导向、消费者心理诉求等为先导,在充分了解市场与消费者的基础之上,进行商品包装设计,并不是为了包装而设计包装,商品包装的设计应当充分考虑销售目的。

3. 辨识性原则

商品包装设计要有较高的辨识度,这样才能容易让消费者产生记忆,给用户留下良好深刻的印象。在商品包装设计过程中,要特别注意不要与其他企业的商品包装相类似,看上去没有明显的特点,让消费者有似曾相识的感觉,那样的商品将很难让人真正记住。优秀的原创包装设计更能够表达出产品的设计理念,给消费者留下独特的印象。商品包装的原创设计可以是全新设计,也可以将传统与日常生活中的元素结合在一起形成新的理念。

4. 社会性原则

人们在社会交往过程中的"社会属性"必然使这一阶段的商品呈现出这个时代的特征,商品包装设计一定是在某个既定的社会环境中开展的,不能与社会整体环境和这个阶段的时代特征相脱节。因此，商品包装设计要符合社会性原则，要具有现代感。即使是带有复古元素的商品，也应该在商品包装设计过程中注入现代社会的品位，得到现代社会消费者的认同。

5. 地域性原则

商品进入不同地区会有不同的接受度和认可度，这与产品的受众所处的地域环境因素有关，可能具体涉及当地的历史背景或文化根源，或者是市场的范围和对象等。因此，商品包装设计时可以带有明显的地域元素，也可以具有较强的国际形象，这样对于进入不同地区的不同市场的商品具有较强的竞争力。

三、商品包装方法

商品包装的方法形式多样，每件商品的包装方法与商品本身的性质密切相关。常见的包装方法有捆扎包装、收缩包装、贴体包装、真空包装、充气包装和集合包装。

（一）捆扎包装

捆扎包装是指用绳或带等绕性材料扎牢、固定或者加固商品和包装。常见的捆扎材料有金属捆扎带（铁丝、钢丝等）和塑料捆扎带。捆扎的形式有井字、十字、双十字和平行捆扎等。捆扎包装适用于棉花、草木等柔韧性和弹性强的物品。

（二）收缩包装

收缩包装是利用有热收缩性能的薄膜裹包商品或包装件，然后迅速加热处理，包装薄膜按一定的比例自行收缩，紧贴住被包装件的一种包装方法。收缩薄膜是一种经过特殊拉伸和冷却处理的聚乙烯薄膜，由于薄膜在定向拉伸时产生残余收缩应力，这种应力受到一定热量后便会消除，从而使其横向和纵向均发生急剧收缩，同时使薄膜的厚度增加，收缩力在冷却阶段达到最大值，并能长期保持。

（三）贴体包装

贴体包装是将商品放在能透气的，用纸板、塑料薄膜或薄片制成的衬底上，上面覆盖加热软化的塑料薄膜或薄片紧密地包裹商品，并将其四周封合在衬底上的包装方法。

（四）真空包装

真空包装是将商品装入气密性包装容器，抽去容器内部的空气使密封后的容器达到预定真空度，然后将包装密封的一种包装方法。真空包装可以抑制微生物的生长，防止商品的霉腐变质。真空包装常用于食品的运输和保存。

（五）充气包装

充气包装是指将商品装入气密性包装容器后，抽真空并充入保护性气体的一种包装方法。充气包装种类很多，主要有气柱包装袋、气囊、气垫、充气袋等。充气包装中的气体多为氮气或者二氧化碳。充气包装具有经济、环保的优点。

（六）集合包装

集合包装是将一定数量的商品或包装件,装入具有一定规格、强度和长期周转使用的更大包装容器内,形成一个更大的搬运单元的包装形式。集合包装具有提高商品装卸效率、节约运输成本、减少运输空间和促进商品包装标准化等优点,常用的集合包装有集装箱、集装袋和集装托盘等。

第三节　商品包装材料

一、商品包装材料

按照包装材料的属性划分,商品包装材料可以分为纸质包装材料、木质包装材料、金属包装材料、塑料包装材料、玻璃包装材料和复合包装材料等。每一种包装材料都有各自的优缺点,并无优劣之分。不同种类的商品都有各自适合的商品包装。

（一）纸质包装材料

纸质包装是指以纸和纸板为原料制成的包装。按规定,凡定量在 $225~g/m^2$ 以下称为纸,其上称为纸板。纸质包装的种类繁多,主要有牛皮纸、纸袋纸、包装纸、玻璃纸等。包装纸板以箱板纸、黄板纸、瓦楞纸、白板纸、白卡纸为主。纸质包装容器多做成纸板箱、瓦楞纸箱、纸盒、纸袋、纸筒等。

纸质包装是商品包装中常见的方式之一,其主要优点在于:适宜的强度、耐冲击性和耐摩擦性;容易做到清洁卫生;优良的成型性和折叠性,便于采用各种加工方法,适用于机械化、自动化的包装生产;最佳的可印刷性,便于介绍和美化商品;价格较低,且重量轻,可以降低包装成本和运输成本;用后易于处理,可回收复用和再生,不会污染环境。纸质包装的缺点也是很明显的,那就是难以封口、受潮后牢度下降以及气密性、防潮性、透明性差。

（二）木质包装材料

常见的木质包装是木箱和木桶,木箱适用于商品运输和流通,木桶常用于专用商品,特别是海鲜产品、化工产品或者其他活性低的液体商品。木质包装材料的优点:具有优良的强度,能承受冲击力、振动、重压等作用;木材资源广泛,可以就地取材;木材加工方便,不需要复杂的加工机械设备;木材可加工成胶合板,外观好,可减轻包装重量,提高木材的均匀性。木质包装材料的缺点是易吸收水分、易变形开裂、易腐朽、易受白蚁蛀蚀、价格较高。

（三）金属包装材料

金属包装材料种类很多,以板材和线材为主要形式,铁和铝是较为常见的金属包装材料。金属包装主要以金属盒、金属罐为主。金属包装材料的优点：好的机械强度，牢固结实，耐碰撞，不破碎，能有效地保护内装物；密封性能优良，阻隔性好，不透气，防潮，耐光，用于食品包装（罐藏）能达到中长期保存效果；具有良好的延伸性，易于加工成型；金属表面有特殊的光泽，易于进行涂饰和印刷，可获得良好的装潢效果；易于回收再利用，不污染环境。金属包装材料的缺点是成本高，以及酸性食品、含硫食品会影响铁罐材料稳定性。

（四）塑料包装材料

由于其轻便的特点，塑料包装材料得到广泛的应用。塑料包装材料多以塑料桶、塑料盒、塑料瓶和塑料袋为主。塑料包装材料本身的化学成本也不尽相同，常见的塑料包装成分有聚乙烯、聚丙烯和聚氯乙烯，三者在弹性、价格、耐热性、密封性等属性上存在细微差异。

塑料包装材料的优点：相对密度小，重量轻，可以用于制造承重较大的包装容器，可以节约搬运和运输费用；塑料的品种较多，性能各异，能适应不同商品包装功能的要求；塑料的加工性能好，便于加工成不同形式和复杂外形的容器，可以采取吹塑、挤塑、注塑、吸塑、中空成型、压延、共挤、涂塑等多种成型工艺；塑料可制成透明的或具有不同颜色的包装材料和容器，便于印刷、烫金、真空喷镀金属和压凸等装潢工艺；多数塑料的密封性、耐化学腐蚀性（耐酸、碱、盐等）、防潮性等方面都优于纸和金属材料；塑料的资源丰富（主要来源于石油和煤），加工耗能低。

塑料包装材料的缺点：耐热性差，多数的塑料难以承受150℃以上的高温；常温下的物理机械强度（表面硬度、抗压强度、抗弯强度等）低于金属和玻璃；热膨胀系数也较大；当塑料的厚度减小时，仍存在一定程度的透气性和透湿性；多数塑料易带静电，表面容易受到灰尘和脏物的污染；相对密度小，包装缺乏重量感和高贵感；塑料的冷加工性能不如金属；易老化；有异味，污染环境。

（五）玻璃包装材料

玻璃包装材料的成分是无机硅盐，化学稳定性好。常见的玻璃包装有玻璃瓶、玻璃罐和玻璃缸。玻璃包装材料的优点：强度高，外观美，可透视产品，表面光滑，易清洗；密封性优良，不透气，不透湿，有紫外线屏蔽性，可重复使用。玻璃包装材料的缺点是重、易碎，经不起温度的突变，密封困难。

（六）复合包装材料

复合包装材料是将两种或两种以上具有不同特性的材料，通过各种方式复合在一起，以改进单一材料的性能，发挥更多材料的优点的包装材料。实际的商品包装中复合包装材料是使用最广的。复合包装材料有两种形式：一是同一种类材料的复合，如金属混合物制成的包装材料；二是不同种类材料的复合。复合包装材料的优点在于其混合的属性，具体的属性要依据组成材料的属性而定。其缺点在于复合包装材料分解处理难,不易回收重复使用。

二、商品包装标志

商品包装的标志是指用简易的文字或图像在运输外包装上面制作的特定记号或说明。其主要作用是便于商品在运输和保管中的辨认识别,准确地将商品运到指定的地点或收货单位;便于商品装卸、堆码过程中采取正确的措施,保证商品的质量安全,加速商品的流转。

商品包装标志根据作用不同,分为识别标志、指示标志和危险品标志。

(一) 识别标志

识别标志是指商品包装上以文字或者图形来说明商品的属性和运输信息的复合系统,又称为运输标志。识别标志传递的基本信息有商品的体积、重量、生产地、收货人信息等。识别标志通常分为主标志、副标志、件号标志、体积标志和重量标志等。

主标志一般是用简单的几何图形结合汉字组成的特定符号,是商品生产者向收货者传递的特定信息。副标志是对主标志的补充说明,主要是为了说明同批次的商品的数量或者等级。件号标志用来标志每个商品的顺序,一般按字母结合数字自动排序。体积标志常用的标志方式是长×宽×高。重量标志一般会标明商品的净重和毛重。

(二) 指示标志

指示标志是指根据商品的特性以图案或者文字的方式标明对待商品的方式。有些商品易碎、怕湿、不耐高温,在商品的运输和库存的过程中就需要对这些商品采用特殊的防护措施。

指示标志一般由图案和简短文字组合而成,图案和文字都要求简单明了。例如,易碎就用一个玻璃杯的图案标志。常见的指示标志有小心轻放、请勿倒置、防潮等。我国国家标准《包装储运图示标志》以及国际标准《包装——货物搬运图示标志》对于商品包装中常见的指示标志做了明确的规定。指示标志一般有四种规格,即70×50、140×100、210×150、280×200,单位为毫米,指示标志的颜色一般为黑色。

(三) 危险品标志

我国国家标准《危险货物分类和品名编号》对危险品做了明确的规定,把危险货物分为九大类:爆炸品;压缩气体和液化气体;易燃液体;易燃固体;氧化剂和有机过氧化物;毒害品和感染性物品;放射性物品;腐蚀品;杂品。

凡是危险物品,在运输和存储过程中都需要带有危险品标志。我国国家标准《危险货物包装标志》规定了危险货物包装标志的种类、名称、尺寸及颜色等,标志的图形共21种19个名称,其图形分别标示了九类危险货物的主要特性。实际运输和流通中危险品种类必须和标志图形相对应。

名词解释：

商品包装、商品包装材料、商品包装标志

思考题：

1. 简述商品包装的主要功能。
2. 比较分析商品运输包装与销售包装的区别。
3. 如何对商品包装进行分类？
4. 简述商品过度包装可能产生的影响。
5. 举例说明商品包装的基本要求。
6. 简述真空包装与充气包装的区别。
7. 简述商品包装的主要方法，并举例不同情况下应该采用的商品包装方法。
8. 举例说明商品在包装材料上的具体应用。
9. 请列举常见的商品包装标志，并说明它们在日常生活中的作用。
10. 请具体说明商品包装的设计原则。
11. 请问商品包装对消费者购买行为会产生影响吗？为什么？

第八章
商标及管理

> **引导案例**

著名的"鳄鱼"商标争夺案例曾经轰动一时,其历经时间之长难以想象,中间更是历经了 1 美元赔偿等引起广泛关注的事件。

拉科斯特公司创建于 1933 年,"鳄鱼"商标也随之在法国正式注册,其商标中的鳄鱼头朝右尾朝左。新加坡鳄鱼国际机构(私人)有限公司(下称新加坡鳄鱼公司)由新加坡籍华商陈贤进创立于 20 世纪 50 年代,其图形商标为一个头朝左尾朝右的鳄鱼图形,上方有绿、蓝、红三色的"CARTELO"空心字母。

双方的商标纠纷已持续数年,早在 2000 年,拉斯科特公司就曾对新加坡鳄鱼公司在华申请注册在服装等商品上的"CARTELO 及图"提出异议申请,理由为:"CARTELO 及图"商标中的鳄鱼图形与其在先申请注册的右向鳄鱼图形商标构成近似商标,易导致消费者混淆误认。

针对这一案件,国家知识产权局(原商标评审委员会)认为,即使两件商标中的鳄鱼图形有一定近似性,但"CARTELO"英文字母是"CARTELO 及图"商标的主要部分,不足以引起消费者产生混淆,据此裁定"CARTELO 及图"商标予以核准注册。随后,拉科斯特公司向北京市第一中级人民法院提起行政诉讼,一审法院经审理认为,"CARTELO 及图"与拉斯科特公司的右向鳄鱼图形商标构成近似商标,故撤销了国家知识产权局被诉裁定。最后,该案上诉至北京市高级人民法院,二审法院经审理撤销了一审判决并维持了被诉裁定。2009 年 10 月,最高人民法院认为二审判决相关法律适用及事实认定正确,驳回了拉科斯特公司的再审申请。因此,"CARTELO 及图"商标获准注册。

然而,两只"鳄鱼"的争斗并未就此结束。在后来的一起商标纠纷案中,焦点集中在拉科斯特公司于 1995 年申请注册的第 G638122 号左向鳄鱼图形商标(下称争议商标)。该商标于 1994 年 10 月在法国申请注册,并于 1995 年经国际注册领土延伸保护至我国,后被核定使用在第 25 类服装等商品上。据了解,该头朝左的鳄鱼商标系在拉科斯特公司原 1980 年右向鳄鱼图形商标的基础上,进行水平镜像翻转。

2012 年 6 月,新加坡鳄鱼公司以争议商标与其在先申请注册的引证商标"CARTELO 及图"商标构成使用在同一种或类似商品上的近似商标为由,向商评委提出了撤销申请。评审期间,卡帝乐公司与新加坡鳄鱼公司于 2013 年 11 月共同提交了《权利继承声明》,卡帝乐公司成为引证商标权利人,参与案件评审程序,并保留新加坡鳄鱼公司的所有请求理由及主张。

2013 年 12 月,商评委认为拉科斯特公司左向鳄鱼商标与"CARTELO 及图"商标可区分,两商标共存不会导致消费者产生混淆,进而维持了拉科斯特公司左向鳄鱼图形商标的注册。随后,卡帝乐公司向北京市第一中级人民法院提起行政诉讼,一审法院经审理认为两商标构成近似,撤销了国家知识产权局所做的裁定。拉科斯特公司不服一审判决,随后上诉至北京市高级人民法院。经审理,北京市高级人民法院二审维持了一审判决。

案例中,为了"鳄鱼"商标,两家企业前后发生了很多纠葛,但无论如何,保护自己企业的商标都是市场竞争中的必要行为,商标的争夺看似简单,实际都是维护企业最终利益的关键。相同或近似商标会给消费者在购买商品过程中带来不同程度的影响,进而最终影响企业的利润。本章重点介绍商标及相关内容。

(资料来源:http://www.maxlaw.cn/l/20160918/861381912113.shtml)

第一节 商标的特征与分类

商标是商品的生产者或经营者在其生产、制造、加工或者经销的商品上或者服务提供者在其提供的服务上采用的,用于区别同类商品或者服务来源的,由文字、图形、字母、数字、三维标志、颜色组合,或者上述要素的组合,形成的具有显著特征的标志,是现代经济的产物。

一、商标的主要特征

(一)独占性

独占性又称专有性或垄断性。注册过的商标,受到法律保护,只能归注册人享有,其他任何人未经注册商标所有人许可,不得在与核定商品相同或类似范围内使用与该注册商标相同或近似的商标,否则构成商标侵权。

(二)地域性

经一国(或地区)商标注册机关核准注册的商标,其所有人的专用权被限定在该国(或地区)领域内,其他国家对该商标权没有保护义务。

(三) 时效性

商标经商标注册机关核准之后,在正常使用的情况下,可以在某一法定时间内受到法律保护,该期间(即"有效期")届满后,商标所有人如果希望继续使用注册商标并使之得到法律的保护,则需要按照法定程序,进行注册续展。在我国注册商标有效期为十年,有效期满后,商标所有人如果希望继续使用该商标并得到保护,须在到期前半年内办理有关续展手续并缴费。

(四) 增值性

商标是一种无形资产,具有价值。商标代表着商标所有人生产或经营的质量信誉和企业信誉、形象,商标所有人通过商标的创意、设计、申请注册、广告宣传及使用,使商标具有了价值。商标价值随着企业经营规模的不断扩大和商品或服务知名度的提高而增值。商品或服务商标的价值可以通过评估确定。

(五) 可让渡性

商标可以有偿转让,经商标所有人同意,许可他人使用。

商标除了具有以上五大特征外,理想的商标还应具备以下五种特性:识别性、传达性、审美性、适应性、时代性。

(1) 识别性。识别性是商标最基本的功能,商标的特殊性质和作用决定了商标必须具备独特的个性,不允许雷同混淆。

(2) 传达性。个性特色越鲜明,视觉表现感染力就越强,刺激的程度就越深。现代商标不仅仅起到了商品的区别标记作用,还要通过商标表达一定的含义,传达明确的信息,包括企业的经营理念、产品性能、用途等,从这个意义上讲,商标应如同信号一样确切,易于辨识了解。

(3) 审美性。商标应该简洁、易读、易记,应具有简练清晰的视觉效果和感染力。

(4) 适应性。商标的表现形式还必须适应不同材质、不同技术、不同条件的挑战,无论黑白彩色、放大缩小如何变化,都要尊崇系统化和标准化的规定。

(5) 时代性。商标必须适应时代的发展,在适当的时候进行合理的调整,以避免被时代所淘汰。

二、商标的功能

商标是商品经济的产物,有了商品,才有商标。商标最基本的功能是区别商品或服务的来源,具有命名功能、区别功能、表明质量功能和宣传功能。但商品从生产到消费,其间是一个较为复杂的过程,所以认识商标的功能,应从各方面观察,才能得到一个较为完整的概念。这里我们从商标所有人、消费者和经济发展三个方面来认识商标的功能。

（一）商标对商标所有人的功能

1. 表彰商品来源的功能

在现代商品市场上，同一商品有成千上万的生产厂家。商标成为某一企业特定商品的象征，与商品荣辱与共，代表商品的信誉，同时直接关系到对商品生产者和经营者的评价。企业也因为有自己独特的商标而显示出自己的与众不同，进而使整个市场呈现出内在的活力。这是商标最本质、最基本的功能。

2. 广告宣传的功能

商标作为一种标志，体现了商品的质量和信誉，自然也就成了商品广告的非常有效的手段。利用商标宣传商品，言简意赅、醒目突出、便于记忆，能够增强广告效果，给消费者留下深刻印象，诱发其购买欲望，从而达到创造名牌、扩大销路的效果。

3. 美化商品的功能

一个设计美观的商标，等于给商品穿上了一件漂亮的外衣，可以增加商品的美感，提高商品的身价，扩大商品的销路。当然，商品最重要的还是质量，只有在质量过硬的前提下，把商标设计得美观一些，才能真正增强竞争能力；相反，如果商品质量差，就是把商标设计得再美，也是无济于事。

4. 承载企业信誉和财富的功能

商标经过多年的使用，并且不断地改进其商品质量，树立起良好的商标信誉，凭借这种信誉沟通消费渠道、占领市场、扩大销路。信誉是看不见摸不到的，但它存在于消费者的心中，而驰名商标、著名商标，就是在消费者的心中树立了诚信的形象，所以它能够获得消费者的信任，这种信任表现为较高的市场占有率。因此，商标是企业的无形资产，这种无形资产为企业带来的财富，可能"价值连城"。

（二）商标对消费者的功能

1. 区别商品的功能

商标固然可以表彰商品或服务的来源，但商品品种繁多，商品的质量、等级、规格、花色、特点等各不相同，消费者选择困难，企业用商标把它们区分开来，使消费者根据商标去识别商品、认牌购货，节约了消费者的购物时间，增强了消费者的购物信心，引导了消费者的购物取向。

2. 标示商品质量的功能

消费者是根据商品的商标信誉去选择，而商标信誉同商品质量是紧密联系在一起的。从这个意义上说，商标是商品一定质量的标志，企业使用商标，就等于在商品质量保证书上签了字。如果商品出了问题，消费者可以依其商标找到生产厂家，从而加强了消费者对企业的监督。

(三) 商标对经济发展的功能

1. 监督商品质量的功能

商标是商品信誉好坏的标志。商品在市场上接受社会的检验和监督,参与竞争。这种市场竞争是商品品种、质量、价格等多种因素的竞争,而这些信息则是通过商标这一桥梁传递给消费者的,所以,企业在市场上的公平竞争,必须借助商标的参与。商标的广泛使用,把企业推向市场,而企业则通过成功地运用商标取得明显的经济效益;同时激励企业提高商品质量,增加品种,创立和保持驰名商标,以商标这种简明有力的形式展开公平竞争,巩固良好的市场秩序,引导消费。

2. 拓展国际贸易的功能

在国际贸易中,商标是极为重要的,国际贸易离不开商标,尤其是对西方国家的贸易。在出口商品上使用商标,并及时在外国进行商标注册以得到对商标的法律保护,这对维护商品在当地的合法权益,扩大出口,有着重要作用。同时,商标还标志着出口商品的技术水平,表明商品的质量,代表国家的生产水平和信誉,能起到促进对外贸易的作用。

三、商标的分类

商标的分类方法有很多,可根据商标的结构进行分类,分为文字商标、图形商标、字母商标等;也可根据商标使用者分类,分为商品商标、服务商标、集体商标等;还可根据商标用途、商标享誉程度等进行分类。

(一) 按商标结构分类

1. 文字商标

文字商标是指仅用文字构成的商标,包括中国汉字和少数民族文字、外国文字和阿拉伯数字或以不同种类文字组合的商标。例如,"步步高"学习机、"今麦郎"方便面、"香格里拉"酒店等文字商标,优点是易于呼叫,具有表达意思明确、视觉效果良好、易认易记等优点。它在企业商标体系中占有核心地位,目前商标的设计越来越趋向文字化。文字商标也存在缺点,它受民族、地域的限制。例如,汉字商标在国外就不便于识别,外文商标在我国也不便于识别,少数民族文字也受着一定地域所限。因此,在使用民族文字的同时,一般需要其他文字加以说明,以便于识别。

2. 图形商标

图形商标是指仅用图形构成的商标。其中分为:

(1) 记号商标,是用某种简单符号构成图案的商标;

(2) 几何图形商标,是以较抽象的图形构成的商标;

(3) 自然图形商标,是以人物、动植物、自然风景等自然的物象为对象所构成的图形商标。有的由实物照片构成,有的则由经过加工提炼、概括与夸张等手法进行处理的自然图形所构成。

3. 字母商标

字母商标是指用拼音文字或注音符号的最小书写单位,包括拼音文字、外文字母(如英文字母、拉丁字母等)所构成的商标,如"TCL""Sony"等。

4. 数字商标

数字商标是用阿拉伯数字、罗马数字或者是中文大写数字所构成的商标。

5. 三维标志商标

三维标志商标又称为立体商标,是用具有长、宽、高三种度量维度的立体物标志构成的商标标志。它与我们通常所见的表现在一个平面上的商标图案不同,是以一个立体物质形态出现,这种形态可能表现在商品的外形上,也可能表现在商品的容器或其他地方。

6. 颜色组合商标

颜色组合商标是指由两种或两种以上的颜色排列、组合而成的商标。文字、图案加颜色所构成的商标,不属颜色组合商标,只是一般的组合商标。

7. 组合商标

组合商标是指由以上两种或两种以上成分相结合构成的商标,也称复合商标。

8. 音响商标

音响商标是以音符编成的一组音乐或以某种特殊声音作为商品或服务的商标。例如,美国一家唱片公司使用 11 个音符编成一组乐曲,把它灌制在他们所出售的录音带的开头,作为识别其商品的标志。其目的是保护其音响的专用权,防止他人使用、仿制而申请注册。音响商标目前只在美国等少数国家得到承认。我国在 2013 年修订的《商标法》中允许注册音响商标。

9. 气味商标

气味商标就是以某种特殊气味作为区别不同商品和不同服务项目的商标。目前,这种商标只在个别国家得到承认。在我国尚不能注册为商标。

(二) 按商标使用者分类

1. 商品商标

商品商标就是商品的标记,它是商标的最基本表现形式,通常所称的商标主要指商品商标;其中商品商标又可分为商品生产者的产业商标和商品销售者的商业商标。

(1) 产业商标,又称制造商标、工业商标、生产商标,是指明确表示商品生产者的商标,是企业主要的使用形式。这种商标与"厂商名号"的意义相同,使得商品生产者所生产的商品有生产者的标记,从而与其他的生产者区别开来,并向消费者传达某种商品生产者所含的信息和来源,产业商标在中国是最常见的。

(2) 商业商标,又称销售商标、推销商标,是指销售者(经营者)为了销售商品而使用的商标。这种商标的重点是宣传商品销售者的标记,而不是商品生产者的标记。使用这种商标的往往是一些有较高声誉和实力的商业企业,他们通过定牌生产含自己商标的商品,从而对消费者做出某种信誉的保障。

2. 服务商标

服务商标是指用来区别其他同类服务项目的标志,如航空、导游、保险、金融、邮电、饭店和电视台等单位使用的标志,就是服务商标。

3. 集体商标

集体商标是指以团体、协会或者其他组织名义注册,供该组织成员在商事活动中使用,以表明使用者在该组织中的成员资格的标志。

(三) 按商标用途分类

1. 营业商标

营业商标是指生产或经营者把特定的标志或企业名称用在自己制造或经营的商品上的商标,这种标志也有人叫它是"厂标""店标"或"司标"。

2. 证明商标

证明商标是指由对某种商品或者服务具有监督能力的组织所控制,而由该组织以外的单位或者个人使用于其商品或者服务,用以证明该商品或者服务的原产地、原料、制造方法、质量或者其他特定品质的标志,如绿色食品标志、真皮标志、纯羊毛标志、电工标志等。

3. 等级商标

等级商标是指在商品质量、规格、等级不同的一种商品上使用的同一商标或者不同商标。这种商标有的虽然名称相同,但图形或文字字体不同;有的虽然图形相同,但为了便于区别不同商品质量,而是以不同颜色、不同纸张、不同印刷技术或者其他标志作区别;也有的是用不同商标名称或者图形作区别。

4. 组集商标

组集商标是指在同类商品上,由于品种、规格、等级、价格的不同,为了加以区别而使用的几个商标,并把这几个商标作为一个组集一次提出注册申请的商标。组集商标与等级商标有相似之处。

5. 亲族商标

亲族商标是以一定的商标为基础,再把它与各种文字或图形结合起来,使用于同一企业的各类商品上的商标,也称派生商标。例如,美国柯达公司以"KODAK"商标为基础,创造派生出的"KODACHROME""KODAGRAPH""KODASCOPE"等商标,就是亲族商标。

6. 备用商标

备用商标也称贮藏商标,是指同时或分别在相同商品或类似商品上注册几个商标,注册后不一定马上使用,而是先贮存起来,需要时再使用。注册备用商标,从商标战略角度,主要有三种考虑：一是某商品虽然没投产,但一旦投产,即可及时使用,不会影响商品销售；二是为了保证名牌商标信誉,如果由于某种原因,商品质量达不到要求时,可使用备用的商标(所谓副标)暂时代替；三是万一商标名誉受损,可以及时换上备用商标。

7. 防御商标

防御商标是指驰名商标所有者,为了防止他人在不同类别的商品上使用其商标,而在非类似商品上将其商标分别注册,该种商标称为防御商标。我国现行的《商标法》对此种商标尚无明确规定,按照国际惯例,此种商标一般难以注册；但一经注册,不会因其闲置不用而被国家商标主管机关撤销。

8. 联合商标

联合商标是指商标所有人在相同或类似商品上注册的几个相同或者近似的商标,有的是文字近似,有的是图形近似,这种商标称为联合商标。这种相同或者近似商标注册后,不一定都使用,其目的是防止他人仿冒或注册,从而更有效地保护自己的商标。

联合商标以其中的一个商标为主,称为主商标,亦称为正商标。因联合商标作用和功能的特殊性,其中的某个商标闲置不用,不致被国家商标主管机关撤销。由于联合商标具有整体作用,联合商标不得跨类分割使用或转让。

(四) 按商标享誉程度分类

1. 普通商标

普通商标是指在正常情况下使用,未受到特别法律保护的绝大多数商标。

2. 知名商标

知名商标是指在较小地域范围内(如市、县级地域)有知名度的商标。它只是对在我国较常出现的某些商标的一种褒称,多出现在我国市、县级名誉商标评选中,并常在地方立法或地方行政立法中出现。

3. 著名商标

著名商标是指在一定地域范围内(如省级地域)较有知名度的商标。它不是国际上的专用名词,只是多出现在我国省(区、市)级名誉商标评选中,并常在地方立法或地方行政立法中出现。

4. 驰名商标

驰名商标是指在较大地域范围内(如全国、国际)的市场上享有较高声誉,为相关公众所普遍熟知,有良好质量信誉,并享有特别法律保护的商标。

(五) 按商标注册与否分类

1. 注册商标

注册商标是指经商标所有人按照法定手续向国家商标局申请注册,经过审核后准予核准注册的商标。

2. 未注册商标

未经过商标注册而在商品或服务上使用的商标为未注册商标。

（六）按商标的寓意分类

1. 有含义商标

有含义商标是指商标的文字、图形或其组合表达暗示了某种意义或事物。其文字具有一定含义的，可称为寓意商标；其图形具有表述性的，可称为指示商标。

2. 无含义商标

无含义商标是指构成商标的文字、图形或其组合不直接表达任何实质的内容。文字，包括中文、外文、我国少数民族文字、汉语拼音字母等；其中的图形指不表述任何客观事物的图案或几何图形等抽象图案。

第二节　商标设计与管理

商标设计涉及法律、消费心理、风俗习惯、民族语言、美学、艺术等诸多领域，是多学科的综合运用；但一般也有规律可循。对商标设计的要求，有显著性、符合消费者心理和风俗习惯、与商品特点相适应等几个方面。

一、商标设计

（一）商标要具有显著性

商标是区别于他人商品或服务的标志，具有显著性，从而便于消费者识别。商标的显著性既是商标选择与设计的首要条件，也是商标注册必须具备的条件。显著性有二重含义：一是从商标的选择到商标的设计，是否给人以不同凡响的感觉，是否令消费者瞩目；二是这个商标是否能够起到区分不同生产者或经营者的作用，应尽量避免与各种各样已经注册、已经使用的现有标志在名称和图形上雷同。例如，在我国企业的现有商标中，有不少是花鸟鱼虫、亭台楼阁之类，显著性就不够，也容易与他人商标相混淆；而且也不利于商标注册，不利于商标专用权的保护。

（二）商标应符合消费者心理和风俗习惯

每一种商品都有其特定的消费群体，应针对不同消费群体的不同文化素养、不同消费水平来选择和设计商标。商标要迎合商品消费者的心理，就要考虑消费者的国别、民族、宗教、性别、年龄、文化层次、购买力等特点。除了适应消费者心理，还要适应当地风俗习惯，最好完全避开不同地区的禁忌，使之成为世界各地畅通无阻的商标。商标既是一种标记,又是一种艺术创作。商标的选择既要迎合消费者的心理、适应商品的特点、体现企业的风格,又不能违反有关法律。

(三) 商标应力求与商品特点相适应

商标是商品的附着物,最好能反映商品的特征,传递商品信息,商标的主题应当贴近商品的特性,呼应商品性状。用商标去暗示使用商品的特征,可以是文字,也可以是图形等,但一定要注意暗示尺度,把握分寸。恰如其分的暗示可以使消费者通过对商标的联想去判断该商品是什么或具有什么功能及用途。

(四) 商标要符合法律规定

如果商标仅在我国注册和使用,商标就要符合我国《商标法》的规定;如果使用该商标的商品出口到国外,或者要向国外提供使用该商标的服务,或者要在国外注册和使用,该商标就要符合有关国家的商标法规定。例如,根据我国《商标法》规定,商标名称不能直接表示商品的质量、主要原料、功能、用途、重量、数量等;也不能采用与国名、国旗、国徽、军旗、勋章相同或者相近似的图形作为商标;县级以上行政区的地名以及同中央国家机关所在地特定地点的名称或者标志性建筑物的名称、图形相同的或公众知晓的外国地名,不得作为商标。

二、商标侵权

商标注册人的权利是指对注册商标所享有的专用权。我国《商标法》规定:经商标局核准注册的商标为注册商标,商标注册人对该注册商标享有商标专用权,受法律保护。其他任何人未经商标所有人许可,在相同或类似商品上使用与其注册商标相同或近似的商标,或者其他干涉、妨碍商标所有人使用其注册商标,损害商标所有人合法权益的行为,属于商标侵权。

商标侵权行为有如下几种:

(1) 未经注册商标所有人的许可,在同一种商品或者类似商品上使用与其注册相同或者近似商标的。

(2) 销售明知是假冒他人注册商标的商品的。

(3) 伪造、擅自制造他人注册商标标识或者销售伪造、擅自制造的商标标识的。

(4) 未经商标注册人同意,更换其注册商标并将该更换商标的商品又投入市场的。这种行为又称之为"反向假冒"。

(5) 给他人的注册商标专用权造成其他损害的。

总之,制造侵权商标、使用侵权商标、销售侵权商标的商品,或者采用他人注册商标相同或近似的文字注册为域名,并通过该域名进行有关商品交易的电子商务活动,以及故意为侵犯他人注册商标专用权的行为提供仓储、运输、邮寄、隐匿等便利条件的,均属于商标侵权行为。

三、商标管理

商标管理的主要内容分为商标权的保护管理和商标的使用管理。

商标管理的意义体现在以下方面：

(1) 可以促使商标所有人依法正确行使商标权，维护好商标声誉；

(2) 增强企业和商标所有人的法治观念，维护商标注册人的合法利益，避免和减少侵犯商标专用权的案件；

(3) 监督商标所有人使用商标的商品或者服务的质量，以维护消费者的合法权益，保障社会经济秩序的正常运转；

(4) 制止假冒他人注册商标、冒充注册商标等不正当竞争行为，保护正当竞争和合法竞争，维护良好的市场竞争秩序。

(一) 商标权的保护管理

商标专用权的保护，是指以法律的手段来制止、制裁商标侵权行为，以保护商标所有人的利益。商标专用权的基本保护包括自我保护、行政保护和司法保护。

1. 商标专用权的自我保护

商标所有人首先应当加强商标保护意识，提高自我保护能力，预防商标侵权行为的发生。

就注册商标的使用过程来说，预防措施涉及多个方面：在商标设计和制作过程中要进行防伪加密措施；在广告宣传中，提醒消费者识别商标的真伪；设立商标管理机构，通过分公司、销售点、维修点建立信息网络。发现商标侵权，要收集商标侵权信息，如收集商标侵权人的获权情况、侵权物品等证据；委托商标代理人或律师在不同媒体上发表声明，曝光侵权现象等，让消费者识别真伪。

企业的商标自我保护不仅应防止商标侵权，同时也应防止商标流失。商标流失的原因包括：

(1) 因企业破产、歇业、重组、改制等行为，导致该企业无人关心原有商标续展而过期；

(2) 企业商标管理人员更换导致商标证遗失无法续展；

(3) 因原商标续展费用高于注册费用而放弃续展；

(4) 因企业与外方合资而导致商标流失。

企业与外方合资而导致商标流失主要包括：

(1) 将本土商标有偿许可给合资合作企业使用，虽然中方得到一定利益，但因为外方的策略逐步减少中方商标的使用率，或者将中方商标定位于低档商品上，久而久之，中方商标就成了鸡肋而逐步流失；

(2) 合资后，企业直接使用外方商标，中方商标因没有用武之地而流失；

（3）合资后，合资企业将中方的商标注册为新商标，中方可按投资比例享有其权益，看似中方商标不存在流失，但由于商标权比例问题，使商标权存在部分流失的可能。

2. 商标专用权的行政保护

根据《商标法》的规定，对侵犯商标专用权的行为，被侵权人可以向县级以上工商行政管理局要求处理，以寻求对商标专用权的保护。其他任何人都可以向县级以上工商行政管理局控告或检举侵权行为。

对于商标侵权，工商行政管理局有权责令侵权人立即停止侵权行为，封存或收缴其商标标识，消除现存商品或包装上的商标，责令依法赔偿被侵权人的经济损失，根据情节给予通报和罚款。

3. 商标专用权的司法保护

《商标法》规定，当事人可以直接向人民法院提出诉讼请求，由人民法院审理判决。人民法院有权按照民事诉讼法的规定对妨害商标侵权诉讼的行为采取强制措施，对生效的裁定或者判决采取执行措施确保当事人合法的商标专用权和诉讼权受到保护，让侵权人承担应有的法律责任。

（二）商标的使用管理

商标的使用管理主要针对商品或服务在商标使用问题上有无违反相关的法律法规的规定，分为注册商标的使用管理和未注册商标的使用管理。

1. 注册商标的使用管理

注册商标的使用管理是指商标管理机关对注册商标的所有人在核定使用的商品上使用核准注册的商标的情况进行监督，同时对使用注册商标的商品或服务质量进行监督的行政管理行为。现行商标法对注册商标的使用管理规定了以下几个主要方面的内容：

（1）不得自行改变注册商标。使用注册商标，需要改变注册商标的文字、字体、图形、字母、数字、颜色组合以及上述要素的组合的，是对商标权客体的改变，应当重新提出商标注册申请。

（2）不得自行改变注册人名义、地址或者其他注册事项。注册商标的注册人名义、地址或者其他注册事项很可能会发生变化。如企业因行政隶属发生变化、联营、转产等原因更改了企业名称，或者企业因迁移等原因使其营业地址、邮政编码发生改变，或者由于种种原因改变了其他注册事项；以上这些变更，必须办理变更注册手续。否则一旦被他人假冒侵权，就很难得到法律的保护。

（3）不得连续三年停止使用注册商标。企业注册了商标，但由于某种原因长期不使用，使商标失去了功能，商标价值难以实现。《商标法》规定，商标注册后连续三年停止使用的，任何人都可以向商标局申请撤销该注册。因此种原因导致商标被撤销后，他人可以立即将此相同或类似商标在同一或者类似商品上申请注册，不受注册商标被撤销后一年内不得在同一或者类似商品上申请相同或者相近商标注册的限制。

(4) 使用注册商标必须保证其商品质量。《商标法》的第一条规定了加强商标管理,是为了促使生产、经营者保证商品和服务质量,维护商标信誉,以保障消费者和生产者、经营者的利益,促进社会主义市场经济的发展。因此商标注册人应当对其使用的商标或许可他人使用的商标的商品质量负责。由此可见,保证商品质量和维护商标信誉,不仅是注册商标使用人的义务,也是未注册商标使用人的应尽之责。对于使用注册商标的商品粗制滥造、以次充好、欺骗消费者的,《商标法》明确规定由各级工商行政管理部门根据不同情节和后果,予以责令限期改正、通报、公开罚款甚至撤销注册商标。

2. 未注册商标的使用管理

在当前的市场经济中,未注册商标的使用还是比较普遍的。我国《商标法》规定,除药品、卷烟必须注册商标外,其他商品允许使用未注册商标。未注册商标主要用于那些生产尚不稳定、尚未定型的商品,或者地产地销的小商品,或者尚未正式取得商标专用权的商品。

未注册商标不受法律保护,但并不意味着《商标法》对这种商标不加管理。从保护注册商标专用权和维护消费者利益出发,国家商标管理部门根据《商标法》对未注册商标的使用进行如下管理:

(1) 不得冒充注册商标。冒充注册商标与假冒他人注册商标是不同的概念,前者不是对特定的商标所有人的侵权行为,没有相对的利害关系,而是一种不正当竞争行为,是将自己使用的未申请注册的商标或者已经申请但未核准注册的商标,当作注册商标使用,侵犯竞争厂家的利益,蒙骗消费者,破坏竞争秩序。

(2) 不得使用《商标法》禁止的标志作为商标。未注册商标与注册商标一样,都不能违反《商标法》禁用条款规定,凡是《商标法》禁止商标注册的标志,同样不能作为未注册商标使用。

(3) 使用未注册商标应保证商品质量。

名词解释:

商标、商标侵权、商标管理

思考题:

1. 简述商标的功能。
2. 比较分析不同类别商标的优缺点。

3. 商标如何进行分类？举例说明商标在企业经营中的作用。
4. 论述注册商标的法律意义是什么，举例说明企业应该如何进行商标防御。
5. 简述商标侵权行为，举例说明如何保护商标权益不受侵害。
6. 如何理解商标的专用权？注册商标如何进行有效的使用管理？
7. 请结合企业经营管理，举例说明如何做好商标管理。

第九章
商品储运与养护

> **引导案例**
>
> 冷链（Cold Chain）是指某些食品原料、经过加工的食品或半成品、特殊的生物制品和药品在经过收购、加工、灭活后，在产品加工、贮藏、运输、分销和零售、使用过程中，其各个环节始终处于产品所必需的特定低温环境下，减少损耗，防止污染和变质，以保证产品食品安全、生物安全、药品安全的特殊供应链系统。冷链物流泛指冷藏冷冻类物品在生产、贮藏运输、销售，到消费前的各个环节中始终处于规定的低温环境下，以保证物品质量和性能的一项系统工程。它是随着科学技术的进步、制冷技术的发展而建立起来的，是以冷冻工艺学为基础、以制冷技术为手段的低温物流过程。
>
> 2019年6月21日，温州市市场监管局网站发布了一则关于2019年第六期食品监督抽检情况的通告，通告中称，东北老哈大板冰激凌、老冰棍棒冰、俄罗斯大板等知名品牌产品菌群总数不合格，其中包括网红产品奥雪牌双黄蛋雪糕。温州市市场监管局网站提示，菌落总数主要用来评价食品清洁度，反映食品在生产过程中是否符合卫生要求。此次不合格产品主要是雪糕类，菌落总数超过标准值说明部分企业未严格遵照生产加工过程的卫生控制要求，还有可能与产品包装密封不严，储运条件控制不当等有关。该局同时表示，本次检出大肠菌群超标的产品均未检出其他致病菌，结合居民膳食结构、抽检情况等因素综合分析，健康风险较低，但反映该食品卫生状况不达标。结合以往冷冻饮品抽检情况分析，该局认为储存或销售环节条件控制不当引起不合格的可能性很大。如夏季小食杂店（包括超市）销售冷冻饮品，其冰箱清洗保洁以及温度未达到储存要求，容易造成微生物超标。经销商须对产品冷库以及冰箱储存条件按规定要求进行严格的日常清洁维护，切实保障食品安全。
>
> 由于冷藏食品在流通中因时间和温度的变化而引起的品质降低具有累积性和不可逆性，因此对不同的产品品种和不同的品质要求都有相应的产品控制和储藏时间

的技术经济指标。不同商品在运输以及存储过程中有不同的要求,本章重点介绍商品的储运以及具体的养护。

(资料来源:http://www.lygmedia.com/news/kuaixun/20191107/0909_22504.html)

第一节 商品储运

一、商品储存过程中发生的变化

商品在储存过程中如果保管不善,会发生物理变化、化学变化、生化变化,造成商品质量下降和数量损失,在认识商品发生变化规律的基础上,可采取相应的保管措施,以创造适宜的环境条件来有效地抑制各种因素对商品的不利影响。

(一)物理变化

物理变化是指只改变商品本身的外表形态,不改变其本质,没有新物质的生成,并且有可能反复进行的质量变化现象。物理变化造成的结果不是数量损失就是质量降低,甚至失去商品的使用价值。常发生的物理变化有溶化、熔化、挥发、串味、沉淀、玷污、渗漏、破碎与变形等。

1. 溶化

溶化是指在储存过程中,某些固体商品吸收空气或环境中的水分,达到一定程度时,变成液体的现象。常见的易溶化商品有食糖、食盐、明矾、硼酸、甘草流浸膏、氯化钙、氯化镁、尿素、硝酸铁、硝酸锌及硝酸锰等。

2. 熔化

熔化是指某些低熔点的商品受热后发生软化变为液体的现象。常见的易熔化商品有香脂、发蜡、复写纸、蜡纸、打字纸、圆珠笔芯、松香、石蜡、粗萘、硝酸锌、油膏、胶囊、糖衣片等。

3. 挥发

挥发是指低沸点的液体物质或经液化的气体物质经汽化而散发到空中的现象。常见的挥发性商品有酒精、白酒、花露水、香水、各种化学溶剂、部分化肥、杀虫剂、油漆等。

4. 串味

串味是指吸附性较强的商品吸附其他气体、异味,从而改变本来气味的现象。具有吸附性、易串味的商品,其成分含有胶体,并且具有疏松、多孔的组织结构。常见的易串味的商品有大米、面粉、饼干、茶叶、卷烟等。常见的易引起其他商品串味的商品有汽油、煤油、桐油、腌鱼、腌肉、樟脑、肥皂、化妆品及农药等。

5. 沉淀

沉淀是指含有胶质和易挥发成分的商品,在低温或高温等因素影响下,部分商品凝固从而发生沉淀或者膏体分离的现象。常见的易沉淀商品有墨水、墨汁、牙膏、化妆品等。

6. 玷污

商品外表沾有其他商品或染有其他污秽的现象称为玷污。商品玷污主要是生产、储存环境卫生条件差及包装不严所致,一些对外观质量要求较高的商品,如绸缎、呢绒、针织要注意防止玷污,精密仪器、仪表类也要特别注意。

7. 渗漏

渗漏主要是指液体商品,特别是易挥发的液体商品,由于包装不严、包装质量不符合商品性能要求或在装卸搬运时因发生碰撞而包装破损,使商品发生跑、冒、滴、漏等的现象。

8. 破碎与变形

破碎与变形是指商品在外力作用下发生形态改变的现象。商品的破碎主要发生在脆性较大或易变形的商品中,如玻璃、搪瓷制品、铝制品等,因包装不良在搬运过程中受到碰、撞、挤、压或抛掷而破碎、掉瓷、变形等。商品的变形通常发生在塑性较大的商品中,如铝制品、皮革、塑料、橡胶等。

(二) 化学变化

化学变化与物理变化有着本质的区别,它是构成商品的物质结构发生变化,不仅改变了商品本身的外观形态,也改变了商品的本质,有新的物质生成,且不能恢复成原状的现象。商品常发生的化学变化有化合、氧化、聚合、分解、水解、裂解、老化、风化等。

1. 化合

化合是指商品在外界条件的影响下,两种或两种以上的物质相互作用,进而生成一种新物质的化学反应。化合反应通常不是单一存在于化学反应中的,而是两种反应(分解、化合)依次先后发生,此类商品应妥善包装、防潮、防热、防日照。

2. 氧化

氧化是指商品与空气中的氧气或者其他能释放出氧气的商品接触,发生的与氧结合的现象。常见的易氧化的商品有某些化工原料、纤维制品、橡胶制品、油脂类制品等。棉、麻、丝、毛等纤维制品,长期受阳光照射会发生变色,这是其中的纤维被氧化的结果。商品的氧化,不仅会降低商品质量,有些氧化过程还会产生热量,发生自燃,甚至发生爆炸事故。因此,此类商品要储存在干燥、通风、散热和低温的库房中。

3. 聚合

聚合是指在外界条件的影响下,某些商品中的分子相互加成而结合成一种更大的分子的现象。例如,桐油在阳光、氧气和温度的作用下,其中含有的多不饱和脂肪酸发生聚合反应,生成桐油块,浮在表面,降低了商品的使用价值。对于此类商品,储存时要注意避免光照,控制库房温度。

4. 分解

分解是指某些性质不稳定的商品,在光、电、热、酸、碱及潮湿空气的作用下,由一种物质生成两种或两种以上物质的现象。商品发生分解反应以后,商品的数量、品质均降低,部分商品在分解过程中产生了一定的热量和可燃性气体,进而引发事故。对于此类商品,保存时要注意商品包装的完整性,保持库房的干燥与通风。

5. 水解

水解是指某些商品在一定条件下,遇水发生分解的现象。不同商品在酸或碱的催化下发生的水解情况是不同的。例如,肥皂在酸性溶液中能全部水解,在碱性溶液中却很稳定;蛋白质在碱性溶液中易发生水解,在酸性溶液中相对稳定,所以羊毛等蛋白质纤维怕碱不怕酸。对于易发生水解的商品,在储存过程中要注意包装材料的耐酸碱性,要清楚哪些商品可以或不能同库储存。

6. 裂解

裂解是指高分子有机物(如棉、麻、丝、毛、橡胶、塑料、合成纤维等),在日光、氧及高温条件的作用下,发生了分子链断裂、分子质量降低,而使商品强度降低、机械性能变差,产生变软、发黏的现象。对于此类商品,保管时要防止受热和阳光的直接照射。

7. 老化

老化是指含有高分子有机物成分的商品(如橡胶、塑料、合成纤维)在储存过程中受到光、氧、热等因素的影响,出现发鼓、龟裂、脆变、强度下降等性能变坏的现象。对于某些易老化的商品,在存储时要注意防止日光照射和高温的影响,堆码时不宜过高,防止底层商品受压变形;橡胶制品切忌同各种油脂和有机溶剂接触,防止发生粘连现象;塑料制品要避免同各种有色物质接触,防止串色。

8. 风化

风化是指含结晶水的商品,在一定温度和干燥空气中,失去结晶水而使晶体崩解,变成非结晶状态的无水商品的现象。对易风化商品应采取密封包装、控温、控湿等措施。

(三) 生化变化

生化变化是指有生命活动的有机体商品,在生长发育过程中,为了维持其生命,本能进行的一系列生理变化。生化变化主要有呼吸作用、发芽、后熟、胚胎发育、霉腐和虫蛀等。

1. 呼吸作用

呼吸作用是指有机体商品在生命活动过程中,不断进行呼吸,分解体内有机物质,产生热量,维持其本身的生命活动的现象。呼吸作用可分为有氧呼吸和无氧呼吸两种类型,无论哪种类型,都会消耗营养物质,降低商品质量。有氧呼吸会产生和积累水分、热量,有利于微生物的生长和繁殖,促进食品腐败变质。无氧呼吸则会产生酒精,引起机体细胞中毒,造成生理病害,缩短储存时间。

2. 发芽

发芽是指有机体商品在适宜条件下,冲破休眠状态而萌发的现象。发芽会使有机体商品的营养物质转化为可溶性物质,供给有机体本身,从而降低有机体商品的质量。在发芽过程中,通常伴有发热、发霉等情况,还会产生一些有害代谢产物,降低商品质量。

3. 后熟

后熟是指瓜果、蔬菜等食品在脱离母株后继续成熟的现象。瓜果蔬菜的后熟作用,能改进色、香、味及硬脆度等食用性能。但当后熟作用完成后,则容易腐烂变质,甚至失去食用价值。对于此类鲜活食品,应在其成熟之前采收,并控制储存条件,延缓后熟过程。

4. 胚胎发育

胚胎发育主要指鲜蛋的胚胎发育,在鲜蛋储存过程中,当温度和供氧条件适宜,胚胎就会发育成血丝蛋、血坏蛋,经过胚胎发育的禽蛋,其新鲜度和食用价值大大降低。

5. 霉腐

霉腐是指商品在微生物作用下发生霉变和腐败作用的现象。在气温高、湿度大的季节,储存的棉织、鞋帽、皮革制品、纸张及中药材等许多商品就会生霉;鱼、肉、蛋类就会腐败发臭;水果蔬菜就会腐烂。

6. 虫蛀

商品在储存期间,常常会遭到害虫的蛀蚀,这样不仅破坏了商品的组织结构,使商品发生破碎和孔洞情况,而且还排泄各种代谢废物,污染商品,影响商品的质量与外观,造成安全隐患,降低商品使用价值。凡是含有有机成分的商品,都容易受害虫蛀蚀。防止虫蛀的措施就是控制仓库温、湿度,消除害虫生长的环境。

二、商品运输的方法

(一) 铁路运输

铁路起始于 19 世纪上半叶,距今已有两百多年的历史。凭借着速度快、运输量大、准时性好和运价低的优点,铁路早在 20 世纪初就已经成为世界上最主要的交通运输方式。

铁路运输是依托铁路的点、线集合,发挥基础设施和生产运营两个层面的网络经济特征,联结供给主体和需求主体,根据铁路资源配置和优化条件,将商品由供应地向接收地实体流动的过程。铁轨能提供极光滑及坚硬的媒介让火车的车轮在上面以最小的摩擦力滚动,如果配置得当,铁路运输可以比路面运输在运载同一重量货物时节省五至七成能量。而且,铁轨能平均分散火车的重量,令火车的载重力大大提高。

铁路作为国家重要的基础设施、国民经济大动脉和大众化的交通工具,在现代物流体系中发挥着重要的作用。它具备所受影响较小、公害小、成本较低等特点。我国的第一条铁路源自1865年,英国商人杜兰德在北京宣武门外修建了一条长约500米的小铁路。我国的第二条铁路出现在1875年,从上海到吴淞约14.5千米。到2013年年底,我国的铁路突破10万千米大关,其中,时速120千米及以上线路超过4万千米,时速160千米线路超过2万千米;高速铁路突破1万千米,在建规模1.2万千米。据统计,2012年全国货运量为409.94亿吨,其中铁路货运量达39.04亿吨,占全国货运总量的9.53%;货物周转量总量为173 770.7亿吨千米,铁路运输货物周转量为29 187.1亿吨千米,占全国货物周转量的16.80%。铁路运货量中,以煤、冶炼及矿建物资等为主,地理分布集中在东北、华北及华东地区。2015—2016年受我国煤炭、钢铁等大宗原材料需求量降低的影响,我国铁路货运量逐渐下降;2017—2019年,随着我国大宗需求回暖,集装箱和散货运输量逐渐提高,我国铁路货运量也逐渐提高,2019年我国铁路货运量达43.18亿吨,同比增长7.20%;2020年上半年铁路货运量继续保持增长趋势,达到21.49亿吨。

(二) 公路运输

公路运输是我国最重要和普遍的短途运输方式,是指在公路上运送旅客和货物的运输方式,是交通运输系统的组成部分之一,主要承担短途客货运输,现代所用运输工具主要是汽车。因此,公路运输一般即指汽车运输。在地势崎岖、人烟稀少、铁路和水运不发达的边远和经济落后地区,公路为主要运输方式,起着运输干线作用。汽车运输虽有成本高、载运量小、耗能大、劳动生产率低等不利方面,但对不同的自然条件适应性强、投资少、机动灵活、货物送达速度快、货物无须换装就可直达指定地点,便于开展"门到门"运输。公路运输可广泛服务于地方与城乡的商品交流,并为干线交通集散货物。此外,公路运输还可深入目前尚无铁路的小城镇和工矿企业、农村及边远地区,这是其他运输方式所不能代替的。

随着我国持续加大基础建设投资力度,紧张的交通状况在近十年内得到根本改变,公路运输已超过铁路运输承担了全国货运量的大部分。2012年,我国的公路运输运量为318.85亿吨,占全国总货运量的77.78%;公路运输货物周转量达59 534.9亿吨千米,占货物周转量的34.26%。2015—2019年我国公路总里程整体呈现增长趋势,截至2019年年末我国公路里程达到501.25万千米,较2018年增长3.4%,其中收费公路里程达到17.11万千米,同比增长1.8%,其增幅小于总里程增幅。从收费公路占公路总里程的比重来看,2015—2019年整体呈现下降趋势,到2019年收费公路总里程占比下降至3.41%。反映出近几年国内收费公路里程增幅趋缓。从公路收费站数量来看,根据交通运输部数据,2015—2019 年中国收费公路主线收费站数量逐年下降,截至 2019 年年末我国收费公路主线收费站共有 1 267 个,较 2018 年减少 3.7%。

(三) 水路运输

水路运输是使用船舶及其他水上工具通过河道、海上航道运送货物的一种运输方式。水路运输又可分海上运输和内河运输,海上运输又有沿海运输和远洋运输两种。水路运输有运载量大、运费低、耗能少、投资省、可不占或少占农田等优越性,但受自然条件限制,水路运输又有连续性差、速度慢、联运货物要中转换装等不利因素,延缓了货物的运送速度,也增加了货损、货差。水路运输适用于承担运量大、运距长的大宗货物。

水路运输是由港口、航道、船舶和修船厂四个环节构成。由于航道的差别,水路运输可分为海上运输和内河运输。我国水运的自然条件十分优越,东部有广阔的海洋,大陆海岸线长达 1.8 万千米,沿海岛屿众多,有许多终年不冻的优良港湾;河流、湖泊众多,天然河道总长度达 43 万千米,湖泊与江河息息相通,东西横贯的巨川大河把我国内地与海洋直接联通起来,形成了良好的江海联合运输网。

(四) 航空运输

航空运输的运行速度最快,航线最直。我国的航空运输近年来取得了较快的发展,但由于线路相对有限、运费较高、运量小、耗能大,目前的航空运输更多负担各大城市和国际交流,以旅客运输、报刊邮件和急迫、鲜活贵重物资的运输为主。

(五) 管道运输

管道运输是一种新型运输方式,具有大量不间断运送、安全可靠、运输能力大、维护比较容易、自动化水平高、投资省、占地少、经济合理、一般受自然条件影响小等技术经济特点。除广泛用于石油、天然气的长距离运输外,还可运输矿石、煤炭、建材、化学品和粮食等。管道运输可省去水运或陆运的中转环节,缩短运输周期,降低运输成本,提高运输效率。当前管道运输的发展趋势是:管道的口径不断增大,运输能力大幅度提高;管道的运距迅速增加;运输物资由石油、天然气、化工产品等流体逐渐扩展到煤炭、矿石等非流体。

三、商品运输管理

组织商品合理运输有利于保证市场供应、有利于加速资金周转和降低商品流通费用,在商品的运量、运距、流向和中转等环节中,要合理选择运输线路和运输工具,最大化降低运输费用、减少运输环节、提高运输速度,保证商品运输任务的顺利完成。

(一) 影响运输的因素

1. 运输距离

运输会造成商品的空间效应,产生位移,因此,商品移动的距离即运输里程的远近,就是决定其合理与否的一个最基本的因素。

2. 运输环节

在进行运输业务活动中,还需要进行装卸、搬运、包装等工作,多一道环节,就需要多花很多劳动。所以在调运商品时,对有条件直运的,尽可能组织直达、直拨运输,越过一切不必要的中间环节,由产地直接运到销地或用户,减少二次运输。

3. 运输工具

要根据不同商品的特点,选择运输载体,并不断改进装载技术和装载方法,提高运输效率。可以充分利用纵横交错的高速公路网,通过公路运输等运输工具的选择,完成商品运输。大宗散装货物的运输任务可以考虑内河(湖)水路等,精密商品主要依靠空运,国际贸易中可以更多使用多式联运。

4. 运输时间

为了更好地为顾客服务,及时满足顾客的需要,时间是一个决定性因素。运输不及时,容易失去销售机会,造成货物脱销或积压。同时,商品在运输过程中停留时间过长,也容易引起商品的货损货差,增加物流管理费用,降低运输效率。所以运输过程需要抢时间、争速度,要想方设法加快货物运输,尽量压缩待运时间,使货物不要长期徘徊、停留在运输途中。

5. 运输费用

运输费用占物流费用的比例很大,是衡量物流经济效益的重要指标,也是组织合理运输的主要目的之一。运输费用的高低,不仅影响到商业物流企业或运输部门的经济效益,而且也影响销售成本。

上述因素既互相联系,又互相影响,有的还互相矛盾。如在一定条件下,运输时间短了,费用却不一定省;或运输费用低了,运输时间却又长了。这就要求进行综合分析,寻求最佳运输方案。在一般情况下,运输时间快、运输费用省,是考虑合理运输的两个主要因素,集中体现了整个过程的经济效益。

(二) 不合理运输的表现

商品不合理运输,是指不考虑经济效果,违反商品合理流向和各种动力的合理分工,不充分利用运输工具的装载能力,环节过多,导致运力的浪费、运输时间的增加、运输费用的超支、商品损毁的增加等不良后果。不合理的运输,一般有以下几方面:

1. 空驶运输

空驶运输,即各种运输工具无负载的运行。商品运输过程中,按运输工具承载状况可分为载重运输和空驶运输,而空驶运输又可包括调空运输和空载运输。调空运输主要是指运输工具由停靠地点开往装载地点,或由最后一个卸载地点返回停靠地点的过程;空载运输是指运输工具在运输作业中由卸载地点空驶到下一个装载地点的行程。运输工具的载重行程与总行程之比称为行程利用率,它是影响运输工具利用效率的重要因素之一。显然,空驶率越高,其行程利用率就越低,运输工具的利用效率也就越低。

2. 对流运输

对流运输,亦称相向运输、交错运输,是指同一种商品或两种彼此完全可以代替的商品在同一运输线上(包括在相邻的平行运输线上)做相对方向的运输,与对方的全部或一部分商品发生重叠的现象。运输的目的是解决商品需求的地域差异,对流运输显然使运输失去了目的,因而对运力造成不必要的消耗,是一种运力浪费。对流运输有明显对流和隐蔽对流两种:明显对流是指同类商品沿着同一线路相向运输;隐蔽对流是指同类商品用不同运输方式在平行线路上进行的相反方向运输。造成对流运输的主要原因是调拨计划、仓储设备布局以及产销联系不合理。防止对流运输的主要途径是:全面规划产销关系,确定货物的合理流向,在此基础上组织合理运输。

3. 迂回运输

迂回运输是舍近取远的一种运输,是指商品运输绕道而行的现象。迂回运输有一定复杂性,不能简单处之,物流过程中的计划不周、组织不善或调运差错、地理不熟、组织不当而发生的迂回,才属于不合理运输。但由于自然灾害、其他事故的阻碍,或有对噪声、排气等特殊限制,为了保证商品的及时运输,采取绕道的办法是允许的。

4. 重复运输

重复运输是指可直达运输的商品由于批发机构或商业仓库设置不当,或计划不周而在路途停留,又重复装运的不合理现象。重复运输延长了运输里程,增加了中间装卸环节,延长了商品的在途时间,增加了装卸搬运费用,而且降低了交通运输工具的使用效率,影响其他商品运输。重复运输是由供销环节安排欠妥引起的,在流转过程中,先由产地运到中转站的货栈,然后再分运至销地。如果货栈布局恰当,即位于发点与收点之间的必经交通线上,重复运输并不引起多余的走行,但会造成多余的装卸和保管环节,同时延误运输时间和增加交通枢纽的工作量。如果中转货栈的布局欠妥,即不符合上述条件,则重复运输除造成多余的装卸、保管环节外,还引起货物在不同时期的同一线路上的相向运输,或收发点之间的迂回运输。在城市和区域布局规划中,调查与决定中转货栈的布局,对于避免重复运输有巨大意义。

5. 倒流运输

倒流运输又称返流运输,是指商品从消费地向生产地回流的一种不合理运输现象。由于倒流运输造成了往返双程运输的浪费,其不合理程度要甚于对流运输。倒流运输也可以看成是隐蔽对流的一种特殊形式。倒流运输有两种形式,一是同一商品由销地运回产地或转运地;二是同类商品由别的产地、供应地或销地,运回另一产地或转运地。

6. 过远运输

过远运输是指舍近求远的运输现象。即不从最近的供应地采购商品,而超过商品合理流向的范围,从远地运来;或商品不是就近供应消费地,却调给较远的其他消费地,违反了近产近销的原则。过远运输从产生的根源来看,主要是产销计划和运输计划不当以及生产力布局受限所造成的。

(三) 合理运输的方法

合理的货物运输可以尽可能提高运输效率、降低运输成本。从影响运输合理化的几个因素综合考虑,就能取得预想的结果。

1. 分区产销合理运输

分区产销是最为合理的运输形式之一,也是最主要的形式。分区产销就是在物流中使生产区相对固定于消费区,根据产销分布进行运输,在产销平衡的基础上按照近产近销的原则进行货物运输。它主要适用于品种单一、规格简单,生产集中、消费分散或生产分散、消费集中,调运量大的货物,如煤炭、木材、水泥、粮食、生猪、矿建材料或生产技术不很复杂、原材料不很短缺的低值产品。实行这一办法,对于加强产、供、运、销的计划性,消除过远、迂回、对流等不合理运输,充分利用地方资源,促进生产合理布局,降低物流费用,节约国家运输力,都有十分重要的意义。

2. 直达、直线运输

直达运输是指把商品从产地直接运送到要货单位,中间不需要经过各级批发企业仓库的运输;直线运输是指减少商品流通环节,采取最短运距的运输。直达、直线运输是合理组织商品运输的重要措施之一。它可以减少商品的周转环节,消除商品的迂回、对流等不合理运输,从而减少商品的损耗,节省运输费用。品种简单、数量很大的商品或需要尽可能缩短周转时间的商品,应尽可能采取直达、直线运输。

3. "四就"直拨运输

"四就"直拨运输是指在流通过程组织货物调运时,对当地生产或外地运达的货物,不运进流通批发仓库,采取直拨的办法,把货物直接分拨给市内基层批发、零售店或用户,从而减少一道中间环节。就厂直拨,就车站、码头直拨,就库直拨,就车、船过载等,简称为"四就"直拨。"四就"直拨和直达、直线运输是两种不同的合理运输形式,它们既有联系又有区别。选择直达、直线运输一般是因为货物运输里程较远、批量较大;而选择"四就"直拨运输是因为货物运输里程较近、批量较小,一般在大中城市批发站所在地办理直拨运输业务。运输过程中将"四就"直拨运输与直达、直线运输结合起来,就会收到更好的经济效果。

就厂直拨,是将商品由生产厂家直接发送到要货单位,又分为厂际直拨、厂库直拨、厂站直拨等几种形式。一般日用工业品多采用就厂直拨的方式。

就车站、码头直拨,是将到达车站或码头的商品,不经过中间环节,直接分拨给要货单位。

就库直拨,是将在货物发货时超出逐级的层层调拨,省略不必要的中间环节,直接从仓库拨给销售部门。一般情况下,对需要储存保管的货物,需要更新库存的货物,常年生产、常年销售的货物,季节生产、常年销售的货物就仓库直拨。

就车、船过载,是指货物经交接验收后,运货的车、船不在车站或码头停放,货物不进库保管,随即通过其他运输工具直接运至销售部门,中间不再经过其他环节。"四就"直拨运输需要各部门紧密配合,加强协作,才能做到及时、准确、安全、经济。

第二节 商品养护

要做好商品质量养护工作,首先必须掌握商品的成分、结构和性质等自然属性,这是商品质量变化的内在因素。同时,还必须了解影响商品质量变化的光、氧气、温度、湿度、微生物等外界因素。通过对这两个方面的各种因素的分析,掌握商品在流通过程和储存期间质量变化的规律,针对商品的不同特性和外界条件,采取相应的有效措施,科学地保管和养护商品,防止商品损坏,降低商品损耗,维护商品安全,达到保证商品质量的目的。

一、商品养护措施

商品的养护工作应坚持"以防为主,防治结合"方针,制定必要的管理制度和操作规范并严格执行,要特别重视物质损害的预防,及时发现并消除事故隐患,防止商品损害事故的发生。

(一) 建立合理的商品养护制度

要做好商品养护工作,首先必须加强对管理人员的培训工作,普及商品养护知识,建立和健全商品养护组织及必要的养护制度。操作人员应努力熟悉商品性能,了解各种商品的构成成分、理化特性和生物特性,研究影响商品质量的各种因素,掌握商品质量变化规律,研究各种商品的科学养护方法,及时采取有效措施,把事故消灭在萌芽状态中,确保商品的安全储存。通过"实践、认识、再实践、再认识",不断创造、总结和积累一些行之有效的养护方法,为提高商品养护工作水平,防止与减少商品损失,降低损耗做出积极贡献。对这些通过反复实践得到的知识和经验,应该认真学习,并在工作中运用和发展。通过工作实践和开展各项科学实验活动,加强对各种商品特性及其变化规律的认识,创造和积累更多更有效的养护经验,进一步提高商品养护技术水平,以推动商品养护工作不断向前发展。

(二) 认真贯彻执行"以防为主,防治结合"的方针

商品在储存过程中发生变化的原因,不外乎内在因素和外在因素两个方面。商品之所以发生某种变化,是由商品的构成成分及理化特性等所决定的,但实现这种变化,需要外在因素为它提供必要的条件。仓储商品出现各种问题,一般也不是一下子就发生的,它有一个从量变到质变的过程。所以,只要我们能根据商品特性,事先采取各种相应措施,防止或减少各种外界因素对商品的不利影响,商品就不会发生或者少发生有损质量的变化。反之,如果忽视这个变化规律,不能防患于未然,问题一旦发生,就会造成很大损失。因此,必须以防为主,从各个方面采取防护措施,加强管理,力争商品在储存期间不发生问题。商品养护工作中,救治只是一种辅助措施。但是,对于已经出现问题的商品采取救治措施是非常必要的,一旦出现问题,必须积极救治,以挽回或减少损失。

(三) 积极采取防治措施、消除隐患

1. 严格验收入库商品,要防止"病从口入"

要防止商品在储存期间发生各种不应有的变化,首先在商品入库时要严格把好验收关。弄清商品及其包装的情况,以便有的放矢地妥善养护,或及时采取防治措施。例如,某些规定有安全水分范围的商品,验收时如发现含水率过高,应立即采取通风、晾晒等措施,降低水分含量,并在保管期内加强防护与勤加检查。验收时发现有生霉、发热、腐败、溶化、沉淀、结块、挥发、渗漏、虫蛀、鼠咬、变色、玷污及包装潮湿等异常情况的商品,要查清原因,及时救治;对质量不符合要求的商品,要及时向责任方追赔,以免造成或扩大商品损失。

2. 安排保管场所要适当

由于各种商品的性能不同,对保管条件的要求也不同。保管场所安排适当,尽量适应商品的性能要求,是商品养护的一个重要环节,能为商品安全储存打下良好的基础。如对怕潮、易霉变、易生锈、易溶化、发黏、挥发、变质或易发生燃烧、爆炸的商品,应放在温度较低的阴凉场所;对一些既怕热、又怕冻、又需较高湿度的商品,应存放在冬暖夏凉的楼下库房或地下室。又如性能互相抵触或易串味的商品,不应存放在一起,以免相互产生不良影响。尤其对于化学危险物品,更要严格按照国家有关部门的规定,分类安排储存地点。

3. 妥善进行堆码、苫垫

阳光、雨雪、地面潮气对商品质量影响很大,要切实做好商品苫盖和衬垫隔潮工作。堆码、苫垫应符合"安全、方便、节约"的原则,不影响商品包装质量,便于检查和消防补救。根据商品性能,结合地面潮湿程度,可以在货位地面上铺垫一些隔潮物料、设备,如水泥条块、预制板、枕木、垫货凳、塑料薄膜或油毡等,严格隔离地面潮气。

堆放在货位上的商品,货区四周应有排水渠道,以防积水流入垛下,影响商品品质。对含水率较高的易霉商品,在热天应码通风垛,堆垛不宜过高,以便通风、散热、散潮,防止霉坏;容易渗漏的商品应码间隔式的行列垛,以便于检查是否发生渗漏;对于易燃商品还应留出适当的防火距离。因此,对各种商品应根据它的性能、包装条件,结合季节气候情况妥善堆码。

4. 严格控制商品的储藏条件

在影响商品发生质量变化的各种外在因素中,空气的温、湿度对商品的影响最为广泛。应根据商品的养护要求,适当采取密封、通风、吸潮和其他控制措施,以及其他调节温、湿度的办法,力求使商品始终处于最适宜的储存条件下。

5. 认真做好商品在库检查

商品在储存期间,如受了不适宜的外在因素影响,质量会发生变化,在某些情况下,这种变化的速度可能是相当快的。如果商品质量发生变化,出现问题,我们不能及时发现并采取措施加以救治,就会造成或扩大损失。所以,对库存商品的质量情况,应定期深入认真地进行检查。检查的时间和方法应根据商品的性能及其变化规律,结合季节气候、储存环境和储存时间长短等因素掌握。怕热的商品在夏季应加强检查,怕冻的商品在冬季应加强检查。对易腐的商品,在检查时,不仅要观察商品是否已有霉腐现象,而且要细微地鉴别商品的色味、触感及库内温、湿度变化情况,判断是否已有霉腐的先期迹象。一旦发现异状,就应分析并弄清发生问题的原因,及时采取措施补救。

6. 做好清洁卫生和虫害的防治工作

储存环境不清洁,易引起微生物、虫类寄生繁殖,危害商品。对库内外环境应经常清扫,铲除仓库周围的杂草、垃圾等物,必要时使用药剂杀灭微生物和潜伏的害虫。对容易遭受虫蛀、鼠咬的商品,要根据商品的性能和虫、鼠的生活习性及危害途径,及时采取有效的防治措施。

7. 大力更新设施,改善库容库貌

仓库设施是有效进行商品养护和管理的重要手段,因此,对现有仓库设施要进行总体规划,每年要相适应地安排资金投入,有计划地分期分批进行改造、更新。对现有危房要及时拆建;可以继续使用的陈旧库房要按照"方便、安全、节约"的原则给予改造;对库房及其他设施要定期防护与维修;必须添置的机械设备和养护的仪器要适当购置,以做到库房上不漏、下不潮、门窗完好、道路畅通,进一步为商品养护提供条件和逐步提高堆垛、搬运机械化及商品养护规范化、科学化,确保商品安全。

二、仓库温、湿度的控制与调节

温度和湿度是影响商品质量变化的重要因素,商品在储存保管期间要有适宜的温、湿度。仓库温、湿度的控制方法主要有密封与通风、吸潮与空调器调节等。

(一) 密封与通风

密封就是利用一些导热性差、隔热性能好或不透气的材料,把商品尽可能地严密封闭起来,防止储存环境的温、湿度发生急剧的变化,减弱外界不良气候条件的影响。密封方法有整库密封、货垛密封、货架密封、小件密封等。密封前应认真检查商品质量、温度和含水量是否正常,商品有无霉变、虫蛀现象。只有当商品含水量保持在安全含水量范围之内,又未受微生物污染,温度适宜时进行密封,才能保证密封应有的良好效果。密封时机的选择也很重要,要根据商品的性质和气候来确定。对怕潮、易溶、易霉的商品,应在梅雨季节到来之前,相对湿度较低的季节进行;对五金商品,必须在本身干燥洁净,无水湿、玷污或锈蚀的情况下进行密封;对于怕热、怕冻商品,应在夏、冬两季到来之前进行密封。

通风是根据空气自然流动的规律,有计划地利用库外的有利于商品储存的空气,交换库内不利于商品储存的空气,达到调节仓库温、湿度的目的。在仓库温、湿度管理中,遇到的大部分情况是通风散潮;因为许多商品具有程度不同的吸水性,对湿度的影响较敏感,在一定的温度条件下,相对湿度大,空气中水分子压力就大。为了降低库内相对湿度而进行通风,一般有几种情况:

(1) 当外部空气的相对、绝对湿度都低于内部时,可以通风。因为这种情况下,不管库外温度低于或稍高于库内,库外空气都比库内干燥。

(2) 当外部温度稍高于内部(不超过2℃),而绝对、相对湿度都低于内部时,也可以通风。

(3) 梅雨季节,有些商品长期在高温、高湿的情况下保管,容易生霉。所以,有时内外温、湿度都比较高,而且外部湿度稍高于内部,也可以通风。

通风要根据具体商品,选择不同的通风时间:

(1) 怕热商品,如瓶、罐装的挥发性较强的化工、医药品,松香和蜡纸等。储存这类商品的仓库,库内温度高于库外时,均可以通风。例如,库内温度30℃,库外温度25℃,就应通风。通风时间一般选择在早晨5点为宜。

(2) 怕湿商品,如金属制品、针纺织品、香粉、洗衣粉、奶粉等。只要库外绝对湿度低于库内绝对湿度,即可进行通风;如果库外温度低于库内温度,而库外相对湿度低于库内相对湿度时,也可通风。通风时间一般在早晨5~6点为宜。

(3) 怕潮、怕高温商品,如皮革制品、中药材、罐头等。储存这类商品的仓库,通风的目的是降低库内温度和相对湿度,尽可能两者同时考虑;或者一方降低,使另一方保持不超过安全界限。通风的最好时间是早晨6点左右。

(4) 怕干燥商品,如骨胶、竹木制品等商品。通风的目的是提高库内相对湿度,如果不通风,在库内洒水或挂湿布也可解决。通风的时间以18~20点为宜。

(二) 吸潮与空调器调节

用吸湿剂或除湿机去湿是降低仓库内空气湿度的有效方法。吸潮是与密封紧密配合，用来降低库内空气湿度的一种有效方法。当库内湿度过高，不适宜商品保管，而库外湿度又过大，不宜进行自然通风时，在密闭库房的条件下，用吸潮的方法来降低库内的相对湿度。例如，茶叶的含水量随着空气中的相对湿度增大而上升，当茶叶含水量超过12%时，就已经达到了霉菌繁殖所需要的水分，茶叶就会发软、香气减退，严重的产生霉变结块，所以失去饮用价值。因此，在储存中要保持茶叶含水量在规定范围之内，空气中的相对湿度应低于60%。吸湿剂一般为生石灰、氯化钙、硅胶、木炭、炉灰等。

除湿机由风扇将潮湿空气抽入机体内，通过热交换器将空气中的水分冷凝成水珠，处理过后的干燥空气排出机体外，如此循环，实现除湿。使用除湿机吸潮，效率高，降潮快，不污染商品，使用方便。另一种自动空气降湿机，在控制线路中采用了自控装置，可自动报警、自动启闭空调和降湿设备，自动绘制温、湿度曲线，库内温、湿度数据随时可在办公室内进行监视。

在高温、干燥的季节里，可以采取洒水、喷雾等方式增加环境的空气湿度，以减少湿度过低对商品的不良影响。

三、防霉菌

霉菌对橡胶制品、纤维制品等的危害很大，微生物不仅侵害商品本身，还会对仓库造成破坏。因此，防止商品的霉变也是商品养护的一个方面，主要是采取预防措施。

(1) 仓库管理。商品入库时要严格把关，检查有无霉变现象，入库后容易霉变的商品分库存放，注意通风，降温防湿。

(2) 用药剂防止霉变。把抑制和灭菌的化学药剂洒在容易霉变的商品上，主要药剂有五氯酚钠、水杨酰苯胺、多聚甲醛等。

(3) 气体防霉。用二氧化碳或者氮气密封包装和密封库房。

(4) 低温储存。低温能降低微生物体内酶的活性，但不同的商品对温度的要求不一样。例如，鲜鸡蛋最好在－1℃下保存，果蔬一般要求在0℃～10℃的温度中保存。

(5) 霉变的救治。商品发生霉变后，如及早发现是可以救治的，主要采用高温烘烤、药剂熏蒸、紫外线杀菌等。

四、防锈蚀

防止金属锈蚀及金属除锈是五金商品养护技术的一项重要内容。在金属商品中，最容易被锈蚀的是以钢铁为原料的制品。金属锈蚀，主要有大气锈蚀、海水锈蚀、土壤锈蚀、接触锈蚀等。

(一) 金属的防锈

防止金属商品发生锈蚀,首先要保持储存环境和商品表面干燥,还要做好商品的包装,也就是在金属表面连续、均匀地涂封油脂薄膜、油漆、可剥性塑料或使用气相缓蚀剂来隔离空气中的氧气、水,避免金属商品的直接接触。

(二) 金属的除锈

若金属商品已发生锈蚀,应尽快除去,以防止继续锈蚀而造成的更大损失。目前除去锈蚀的方法有物理除锈和化学除锈两种。

1. 物理除锈

物理除锈又可以分为人工除锈和机械除锈两种。人工除锈主要通过手工擦、刷、磨等方式去除金属的锈蚀,工具主要是刮刀、砂纸、钢丝刷、木屑等。机械除锈主要包括:利用棉布、帆布等抛光,用钢丝轮刷除锈,将沙粒等强力喷射到金属表面除锈等。

2. 化学除锈

化学除锈可分为利用无机酸等溶解锈蚀物的化学除锈和电化学除锈。金属的锈蚀物主要是金属氧化物,化学除锈就是利用酸溶液与氧化物发生反应,使其溶解在酸溶液中,从而达到除锈的目的。化学除锈主要采用硼酸、盐酸和磷酸,多用于齿轮、轴承、刀具及中小型部件的除锈。还可将某些需要除锈的金属制品放入电解液中,接通电源后利用电化学作用除去锈蚀,主要用于形体较大的金属制品。

五、常见商品的养护实例

(一) 纺织类商品的养护

纺织类商品按照材料一般可分为棉织品、麻纤维及织品、纺织品、化纤类制品等。纺织类商品在贮藏期间可能受到微生物的侵害,其首要养护任务就是防霉腐。因此,清除适于霉菌生长、繁殖的条件,将库内温、湿度控制在一定的范围内,以达到安全养护的目的。

(二) 塑料制品的养护

塑料制品被广泛应用于人们的日常生活中,养护的重点是防老化。防止塑料制品光、热、氧作用,加强仓库温、湿度管理,避免化学物质的污染,避免机械力的破坏等外因造成的损害,是减缓塑料制品损坏的重要措施。

(三) 皮革制品的养护

皮革类商品主要有皮鞋、皮衣等。此类商品还有一定的水分和油脂,储藏过程中,要注意防止油脂和水分的蒸发,从而避免皮革干缩发硬,品质下降。养护时主要注意:

(1) 储存场所要干燥、通风,相对湿度控制在50%~80%;

(2) 防热,库存温度不超过35℃,防止油脂和水分蒸发,不能受日光照射;

(3) 防腐蚀,皮革类商品接触酸、碱性物质,会引起腐蚀,使皮革类商品表面裂

纹、折断,降低韧性和弹力;

(4) 防灰尘,皮革制品表面接触灰尘后,能吸去表层的油脂,使革面粗糙和僵硬;

(5) 堆放时,还要注意防重压变形。

(四) 食品的养护措施

生鲜食品的低温贮藏:利用低温技术将食品或食品原料的温度降低并维持在低温状态以防止食品腐败变质,延长食品贮藏期。食品入库前要做好仓库消毒工作。水果在储存期间要严格控制温度,温度过高达不到冷藏的效果,过低则易造成"冻害";储藏湿度也很重要,湿度过高水果易长霉菌,过低则增加水果"干耗"。

酒类的养护:白酒的储存环境不宜太干燥,也不能太潮湿,相对湿度控制在90%以下,温度不宜超过30℃;储存黄酒、葡萄酒、果酒,最适宜的温度为20℃左右;熟啤酒最适宜的温度为4℃~20℃;生啤酒最适宜的温度为0℃~10℃;储存瓶装酒的相对湿度一般在75%以下。

(五) 五金制品的养护措施

根据五金制品性能特点的不同要求,加强仓库温、湿度管理,设法创造一个适宜的储藏条件。一些体积较大的金属制品,应储藏在地势高、不积水、比较干燥的货架上,对于比较精密、高档的五金制品,应储藏在干燥、地潮较少、便于通风、密封的库内。在储藏期间,应注意检查五金制品包装有无破损、受潮、霉变,五金制品有无水湿、污染和锈蚀现象。

名词解释:

商品储运、商品养护

思考题:

1. 简述商品储运的基本要求。
2. 简述常见的商品运输方法,比较不同运输方法的差别。
3. 简述商品在储运过程中可能发生的质量变化。
4. 简述商品养护的基本要求。
5. 简述常见的商品养护技术方法。
6. 举例说明生活中常见的食品类商品如何进行养护。
7. 举例说明商品养护不当可能导致的商品质量发生的变化。
8. 举例说明温度和湿度对商品养护可能产生的影响。

参考文献

1. 伊铭,张士英.现代商品学(第二版)[M].大连:大连理工大学出版社,2018.
2. 万融.商品学概论(第五版)[M].北京:中国人民大学出版社,2013.
3. 白世贞,刘莉,陈化飞.商品学[M].北京:中国人民大学出版社,2013.
4. 张烨.现代商品学概论(第二版)[M].北京:科学出版社,2011.
5. 汪永太.商品学(第二版)[M].北京:电子工业出版社,2011.
6. 汤云,张志建.商品学实务[M].大连:大连理工大学出版社,2014.
7. 郑金花.商品学知识与实践教程[M].北京:人民邮电出版社,2011.
8. 徐东云.商品学(第2版)[M].北京:清华大学出版社,2017.
9. 汪永太,李萍(第五版).商品学概论[M].大连:东北财经大学出版社,2015.
10. 郭洪仙.商品学[M].上海:复旦大学出版社,2005.
11. 刘增田.商品学[M].北京:北京大学出版社,2013.
12. 夏永林,张熙凤.广告与商标管理[M].西安:西安电子科技大学出版社,2013.
13. 王皓.仓储管理[M].北京:电子工业出版社,2017.
14. 郝静怡,王磊.关于商品零部件通用化的几点思考[J].消费导刊,2013(8):114.
15. 徐立青,孟菲.中国食品安全研究报告(2011)[M].北京:科学出版社,2012.
16. 张俊祥,李晓峰.关于中国转基因食品发展的分析和思考[J].中国科技论坛,2011(11):131-135.
17. 张朝栋.中国驰名商标攻略[M].北京:中国经济出版社,2010.
18. 马德民.采用标准化手段促进商品交易市场繁荣发展[J].中国标准化,2008(2):30-32.
19. 魏益民.中国食品安全控制研究[M].北京:科学出版社,2008.
20. 王府梅.纺织服装商品学(第2版)[M].北京:中国纺织出版社,2019.
21. 于泽辉.商标:战略 管理 诉讼[M].北京:法律出版社,2008.
22. 夏文水.食品工艺学[M].北京:中国轻工业出版社,2007.
23. 谭顺.浅析虚拟商品及其消费市场[J].商业时代,2007(23):16.
24. 郭修申.企业商标战略[M].北京:人民出版社,2006.
25. 沈月新.食品保鲜贮藏手册[M].上海:上海科学技术出版社,2006.
26. 王璋,许时婴,汤坚.食品化学[M].北京:中国轻工业出版社,2006.
27. 沈志云,邓学钧.交通运输工程学(第二版)[M].北京:人民交通出版社,2003.
28. 杨家其.现代物流与运输[M].北京:人民交通出版社,2003.
29. 蒋欢,张未芹,张超.商品标准化在国际贸易中的作用[J].商场现代化,2013(6):57.
30. 杨和财,陶永胜,张予林.我国葡萄酒标准及相关规章建设现状与发展趋势[J].中国酿造,2009(8):181-183.

31. 缪瑞.商品检验在生鲜加工配送中心的作用研究[J].中国商贸,2011(2):130-131.
32. 赵华,何聪芬,董银卯,等.生物技术在化妆品行业的应用[J].日用化学工业,2010(40):377-380,392.
33. 张吟,瞿晗屹,彭亚拉.从沙门氏菌污染食品召回案例看美国食品召回体系[J].中国食品工业,2011(2):42-44.
34. 查贵勇.进口商品检验争端案例的分析[J].对外经贸实务,2013(2):76-79.
35. 王章旺.用两分法看商品包装的过度与适度[J].包装工程,2007(1):111-113,118.
36. 朱宗华,熊礼梅.商品包装的环保设计[J].包装工程,2004(5):109-110.
37. 刘兴家.论我国物流运输的现状与发展方向[J].黑龙江科技信息,2011(9):104.
38. 冯耀辉.我国物流运输的现状及发展对策[J].物流工程与管理,2012(2):7-8.
39. 罗毅.防损:执行是关键[J].中国药店,2008(5):82-83.
40. 张建强,吴茜.浅谈食品的低温处理与保藏[J].农村经济与科技,2011,22(7):45-47.
41. 王小明,王维民,吴巨贤,等.食品罐藏的基本工艺概述[J].广西轻工业,2009,25(9):10-11.
42. 肖岚,李诚,辛松林.臭氧对冷却肉的保鲜效果[J].肉类工业,2007(3):3-5.
43. 付丽,赵玮,孔保华.乳铁蛋白对冷却猪肉的护色效果[J].肉类工业,2006(7):25-27.
44. 宫晓静,吴燕燕.海洋无脊椎动物抗菌肽研究进展及其在食品保鲜中的应用[J].生物技术通报,2011(3):27-32.
45. 李海芹,李云格,李兴民,等.酪蛋白酶解产物中抗菌肽对冷却肉腐败菌的影响[J].食品科技,2009,34(12):169-170.
46. 徐鹏昀,樊雯,徐美玲,等.植物乳杆菌素L-1对冷却肉的防腐保鲜效果研究[J].食品科学,2009,30(2):264-267.
47. 姚晓琳,潘思轶,张晓维,等.多甲氧基黄酮提取物对冷却肉保鲜效果的影响[J].食品科学,2009,30(24):460-463.
48. 姜绍通,吴洁方,刘国庆,等.茶多酚和大蒜素在冷却肉涂膜保鲜中的应用[J].食品科学,2010,31(10):313-316.
49. 2020年中国铁路运输行业市场现状及发展趋势分析 行业迎来快速发展新时期[EB/OL].(2020-11-17)[2021-03-19]. https://www.sohu.com/a/432458769_473133.
50. 2020年中国公路运输行业发展现状分析 公路运输降费减负明显[EB/OL].(2020-11-16)[2021-03-19]. http://www.sohu.com/a/432234190_/20868906.
51. 铁路运输发展现状[EB/OL].(2017-12-25)[2021-03-19]. http://m.chinabgao.com/k/tielu/30956.html.

图书在版编目(CIP)数据

商品学基础/伊铭主编. —上海:复旦大学出版社,2021.6
ISBN 978-7-309-15548-8

Ⅰ.①商… Ⅱ.①伊… Ⅲ.①商品学-基本知识 Ⅳ.①F76

中国版本图书馆 CIP 数据核字(2021)第 045842 号

商品学基础
SHANGPINXUE JICHU
伊　铭　主编
责任编辑/谢同君

复旦大学出版社有限公司出版发行
上海市国权路 579 号　邮编:200433
网址:fupnet@fudanpress.com　http://www.fudanpress.com
门市零售:86-21-65102580　团体订购:86-21-65104505
出版部电话:86-21-65642845
上海华业装潢印刷厂有限公司

开本 787×1092　1/16　印张 10　字数 196 千
2021 年 6 月第 1 版第 1 次印刷

ISBN 978-7-309-15548-8/F·2790
定价:32.00 元

如有印装质量问题,请向复旦大学出版社有限公司出版部调换。
版权所有　侵权必究